Förändrad men sig lik

Internationell politik på 2000-talet

Kjell Goldmann

Förändrad men sig lik

Internationell politik på 2000-talet

FSC
www.fsc.org
MIX
Papper från
ansvarsfulla källor
Paper from
responsible sources
FSC® C105338

Sättning och omslagsutformning: BoD – Books on Demand
Förlag: BoD – Books on Demand, Stockholm, Sverige
Tryck: BoD – Books on Demand, Norderstedt, Tyskland
ISBN:978-9-1796-9399-2

Innehåll

Förändrad men sig lik: inledning

Plus ça change, plus c'est la même chose.
(Alphonse Karr 1849)

Ju mer världspolitiken förändras desto mer förblir den sig lik, för att låna från Alphonse Karr. Hur man brukat resonera om det som förblir sig likt trots all förändring försökte jag för ett halvsekel sedan göra tydligt i en bok som kom att heta *Det internationella systemet*.[1] Den traditionella teorin om internationell politik kallade jag resonemanget.

Enligt denna teori präglas världspolitiken av att den bedrivs i ett system av suveräna stater. I ett sådant system skyddas ingen av någon central myndighet, där måste var och en sörja för sin säkerhet, där härskar makten och inte rätten. Nationell säkerhet är det centrala för varje stat, de materiella resurserna är avgörande för relationerna mellan stater, den internationella politiken domineras av ett fåtal stormakter. Stater, statsledningar och mellanstatliga relationer må förändras men systemet av stater förblir som förut: decentraliserat, instabilt, maktbetingat.

Teori är ett starkt ord för en tankegång så enkel som denna. Den säger något om de villkor som råder i internationell politik, det är allt.[2] Den utgör en utgångspunkt, inte mera. I undervisning kom *Det internationella systemet*, till stor del ett kompendium av vad andra skrivit, att användas som grundbok. Just så var den menad – som en sammanställning av den etablerade föreställningen om det utmärkande för internationell politik att ha som grund för analys av det oförklarade och problematiska.

De åtta texterna i denna bok är skrivna för varierande syften och har skiftande karaktär men har det gemensamt att de ställer frågor om 2000-talet med utgångspunkt i den traditionella föreställningen om internationell politik. Detta är vad som kommer att diskuteras:

* I ett traditionellt perspektiv är stormaktspolitiken grundläggande: vilka är stormakterna och hurudana är stormaktsrelationerna? På 2000-talet är denna struktur mer obestämd än förr, med mer svårbedömda konsekvenser för freden och säkerheten (kapitel 1).

* Staterna tas för givna i den traditionella teorin om internationell politik men hur kommer stater till, och hur bör de komma till? FN har fastställt en princip för statsbildning: folkens rätt till självbestämmande. I vilken utsträckning har FN:s 193 medlemsstater bildats genom att folken har självbestämt? Hur bör principen om självbestämmande tolkas i framtida konflikter om statsbildning (kapitel 2)?

* Hur går det när en organisation av stater övergår från att vara arena för den mellanstatliga politiken till att bli aktör med egen politisk linje? Inte så bra, att döma av det mer än 70-åriga misslyckandet för FN:s politik i fråga om Jerusalem (kapitel 3).

* I den traditionella teorin finns inbyggd en spänning mellan demokratins beroende av debatt och utrikespolitikens behov av sammanhållning. Är det detta som förklarar att svenska väljare prioriterar avgörande internationella frågor lägre än inrikespolitiska? Eller är förklaringen att internationella frågor uppfattas som alltför svåra, eller alltför avlägsna (kapitel 4)?

* När man sett internationell politik som en fråga om stater har man brukat resonera som om stater utgör nationer och följaktligen är «nationalstater». På 2000-talet har migrationen från muslimskt dominerade länder till Europa och Nordamerika gjort det till en huvudfråga om mångfald eller enhetlighet – mångkulturalism eller assimilationism – bör vara nationalstatens ideal (kapitel 5).

* Liberal internationalism har man brukat kalla uppfattningen att internationell organisering och transnationellt utbyte minskar de problem som följer av att den suveräna staten är världspolitikens grund. På 2000-talet präglas politiken i många länder av en reaktion mot den utveckling som ägt rum i denna riktning, med konsekvenser för freden och säkerheten och även för demokratin (kapitel 6).

* Migrationen och klimatförändringen är huvudfrågor i 2000-talets världspolitik. På båda områdena har internationella regimer inrättats men båda har underordnats den nationella suveräniteten. Flyktingregimens begränsningar tydliggjordes under de europeiska och amerikanska flyktingkriserna på 2010-talet och klimatregimens begränsningar är inbyggda i 2015 års Parisavtal. I båda fallen bekräftas den traditionella teorins relevans (kapitel 7).

* I dystopiska romaner förutsätts det mesta kunna förändras radikalt: teknologin och den fysiska miljön, naturligtvis, men också staterna. Dock inte den internationella politiken, vilken fortsätter som förut med sina konflikter och krig. Till sist «återstår endast Clausewitz», suckar någon i slutet av *Fred på jorden* av Stanislaw Lem (kapitel 8).

Av dessa åtta funderingar blir ingen ny teori om vad som förblir sig likt när allt förändras. Snarare har den traditionella teorin, med alla dess begränsningar, fått förnyad aktualitet i en tid när nationell suveränitet återkommer som politiskt slagord, stormakterna accelererar sina rustningar, migranter stoppas vid gränserna och Europeiska Unionen, internationalismens spjutspets, har problem. «Tillbaka till 1800-talet» tyckte jag mig för några år sedan kunna sätta som rubrik på en text om Donald Trumps utrikespolitiska föreställningar. Sannerligen.

Kapitel 1, om stormakterna och stormaktspolitiken, är en uppdatering av en artikel skriven 2015 för *Internationella Studier*. Kapitel 2, om folkens rätt till självbestämmande, publiceras i *Statsvetenskaplig tidskrift* 2020. Det skissartade kapitel 4, om förhållandet mellan utrikespolitik och demokrati, bygger på ett föredrag vid ett seminarium arrangerat av Miljöpartiet och Folkpartiet inför valet 2014. Kapitel 5, som problematiserar nationalstaten genom att sätta mångkulturalism mot assimilationism, är en utvidgad version av en artikel i *Respons* 2017. Kapitel 8, som kombinerar säkerhetspolitisk analys och litterär essä, är en något utvidgad version av en artikel i Krigsvetenskapsakademiens tidskrift 2018. Övrigt – kapitel 3 om FN som politisk aktör, kapitel 6 om det växande motståndet mot internationalism, kapitel 7 om flykting- och klimatregimerna – är nyskrivet.

1. De största härarna och den internationella ordningen

Det ska ha varit vid Wienkongressen 1814–15 efter Napoleonkrigen som «stormakt» började användas som fackterm i internationell diplomati. De som avsågs var segrarmakterna Storbritannien, Preussen, Ryssland och Österrike samt det besegrade Frankrike. Dessa fem inte bara dominerade kongressen utan tillskrev sig uppdraget som övervakare av den post-napoleonska ordningen. Sedan dess har det ansetts höra till grunderna för analys av internationell politik att ange vilka som är stormakter, vilka relationer de har med varandra samt vad detta betyder för den internationella ordningen i meningen freden och säkerheten.

Kriterierna för stormaktsstatus har aldrig varit tydliga men de makter som nämndes förblev länge ungefär desamma. «Af ... [Europas] stater kallas sex stormakter: Ryssland, Tyska riket, Österrike-Ungern, Storbritannien, Frankrike och Italien», hette det i Carlsons Skolgeografi år 1892. «De äro nämligen folkrikast och ha de största härarna».[1] Under de följande decennierna tillkom USA och kanske Japan medan Österrike blev en småstat bland andra. Även efter andra världskriget, när FN-stadgan skrevs, gavs en särskild ställning åt en handfull stater: de sedan Wienkongressen självklara Storbritannien, Frankrike och Ryssland, nu i form av Sovjetunionen, samt USA och Kina i stället för Tyskland och Japan. Ungefär som förr.

En avgörande förändring inträffade först när USA och Sovjetunionen i slutet av 1940-talet framträdde som «supermakter».* Kring dessa båda grupperades flertalet övriga stater i en motsättning mellan två läger, en nyhet i världspolitiken. Som det uttrycktes i jargongen: den internationella politiken blev «bipolär»

* Termen supermakt började användas under de sista krigsåren med syfte på USA, Storbritannien och Sovjetunionen, de makter som förutsattes bli dominerande efter det att axelmakterna besegrats. Några år efter krigsslutet stod det klart att det brittiska imperiet var under avveckling och när termen blev vedertagen återstod endast USA och Sovjetunionen.

efter att tidigare ha varit «multipolär». Detta antogs i grunden förändra villkoren för internationell ordning.

Efter Sovjetunionens upplösning 1991 återstod bara USA, «den enda supermakten». Under några år tycktes den internationella politiken ha blivit «unipolär». Så enkel är den inte längre, om den någonsin varit det. Det kalla krigets bipolaritet har ersatts av något mer obestämt, med oklara konsekvenser för den internationella ordningen.

2000-talets stormakter

Det klassiska kriteriet på stormaktsstatus är enkelt: det som i 1892 års skolgeografi kallades «de största härarna», numera gärna mätta med fredsforskningsinstitutet SIPRI:s data om länders militärutgifter. På 1970-talet, vid bipolaritetens höjdpunkt, stod USA och Sovjetunionen i en klass för sig med militärutgifter i samma storleksordning och var för sig 7–8 gånger större än trean Kinas. Fyra decennier senare var USA i ensam ledning med militärutgifter omkring 2,5 gånger större än tvåans, numera Kina, vars militärutgifter i sin tur var omkring 3,5 gånger större än vad som gällde för staterna närmast därefter (tabell 1.1 nästa sida). Med detta mått stod onekligen «den enda supermakten» USA alltjämt i en klass för sig jämfört med nästan alla andra. Men knappast i jämförelse med Kina, uppstickaren. Den internationella politiken började återigen få bipolära drag, fast med mindre utpräglad symmetri, mindre genomgripande blockbildning och mer begränsad konfrontation än på det kalla krigets tid.

Här finns anledning stanna upp inför antagandet att staters makt kan mätas med kvantitativa indikatorer, en förenkling med lång tradition. Begreppet makt används i skilda betydelser men innebörden brukar vara att en aktör– en person, en organisation, en stat – har makt i den utsträckning den kan få andra att göra vad dessa annars inte skulle ha gjort.[2] Om denna förmåga är det svårt att generalisera. När vi vill säga något välgrundat om den övergripande maktfördelningen i ett system är vi därför hänvisade till att studera fördelningen av resurser som kan omvandlas till framgångsrik maktutövning – kunskaper, befogenheter, opinionsstöd, pengar. När det gäller internationell politik är det klassiska antagandet att det som främst har betydelse för vem som får sin vilja fram är fördelningen av militär styrka, «härarna».

Tabell 1.1. Militärutgifter 2018

	USD (md)	*andel av BNP (%)*
1. USA	649	3,2
2. Kina	250	1,9
3. Saudiarabien	67	8,8
4. Indien	66	2,4
5. Frankrike	64	2,3
6. Ryssland	61	3,9
7. Storbritannien	50	1,8
8. Tyskland	49	1,2
9. Japan	47	0,9
10. Sydkorea	43	2,6

Källa: SIPRI

Denna förenkling var inte orimlig på 1800-talet, inte heller på de två överväldigande kärnvapensystemens tid. Idag skymmer den sikten. Även annat måste vägas in av den som vill beskriva den internationella politikens övergripande maktstruktur.[3]

Ekonomisk styrka. Det har efter hand blivit en truism att internationell makt inte bara är en fråga om «härar» utan också om pengar. Ekonomisk och militär överlägsenhet behöver inte gå tillsammans. De gjorde det inte under det kalla kriget – Sovjetunionen var, som man sade, «militär» supermakt men inte «civil».

På 2000-talet har dock obalansen mellan militärt och ekonomiskt minskat. År 2018 var skillnaden mellan USA:s och Kinas bruttonationalprodukter mindre än i fråga om militärutgifter samtidigt som avståndet till trean i detta hänseende var större (tabell 1.2). Det såg ut som om båda de ledande staterna numera var «civila» supermakter lika mycket som «militära».

Av tabellen framgår att EU:s samlade ekonomi år 2018 var i samma storleksordning som USA:s och Kinas. Jag ska återkomma till i vad mån detta gör EU till en tredje supermakt.

Tabell 1.2. BNP 2018 (md USD)

1. USA	20 580
2. Kina	13 368
3. Japan	4 972
4. Tyskland	3 951
5. Storbritannien	2 828
6. Frankrike	2 780
7. Indien	2 719
8. Italien	1 999
9. Brasilien	1 868
10. Sydkorea	1 720
EU28	18 605

Källa: IMF

Mot BNP som indikator på makt invänder man alltid att det från maktsynpunkt viktiga inte är storleken av en ekonomi utan omfattningen av dess ekonomiska relationer. Som framgår av tabell 1.3 var Kina 2017 klart överlägset alla andra länder i fråga om varuexport och USA i fråga om tjänsteexport. Såtillvida bekräftades bilden av att den internationella politiken åter fått bipolära drag.

En mycket betydelsefull förändring på 2010-talet jämfört med det kalla krigets 1970-tal var emellertid EU:s tillkomst som ekonomisk maktfaktor vilken kanske, eller kanske inte, var att jämföra med stormakter i traditionell mening. Det framgår av tabell 1.2 att EU sammantaget blivit en ekonomisk supermakt jämförbar med USA och av tabell 1.3 att EU i vissa hänseenden blivit den dominerande makten, nästan den «enda supermakten».

Tabell 1.3. Andel av världens varu- och tjänsteexport 2017

	Varor rang	*Varor %*	*Tjänster rang*	*Tjänster %*
Kina	1	12,8	5	4,3
USA	2	8,7	1	14,4
Tyskland	3	8,2	3	5,7
Japan	4	3,9	9	3,4
Nederländerna	5	3,7	6	4,1
Sydkorea	6	3,2	17	1,6
Frankrike	7	3,0	4	4,7
Italien	8	2,9	14	2,1
Storbritannien	9	2,5	2	6,6
Belgien	10	2,4	13	2,2
Singapore	14	2,1	10	3,1
Indien	20	1,7	8	3,5
Irland	33	0,8	7	3,5
EU28 (yttre handel)		15,2		25,2

Källa: WTO

När detta skrivs (december 2019) närmar sig avgörandet i fråga om Storbritanniens utträde ur EU. Hur den brittiska ekonomin framöver kommer att vara kopplad till EU:s är in i det sista okänt, men även efter Brexit kommer EU att vara en ekonomisk maktfaktor jämförbar med USA och Kina.

Den avgörande frågan är en annan: kan EU, med eller utan Storbritannien, alls betraktas som en aktör jämförbar med en stat? I fråga om handel är detta naturligt eftersom handelspolitiken är just gemensam. Men i övrigt?

Detta kan diskuteras. EU har en gemensam utrikespolitik och dessutom en utrikesminister och en utrikestjänst, men den gemensamma utrikespolitiken är underställd medlemsstaternas regeringar med deras skilda nationella intressen och benägenhet att agera självständigt. Nettot är svårbedömt.[4] Det är en historisk nyhet att en av huvudaktörerna, en av «stormakterna» eller rentav «supermakterna», inte är en stat utan en delvis mellanstatlig, delvis överstatlig organisation. Detta är ett av de förhållanden som gör den nya maktstrukturen svårbestämd.

Icke-materiell makt. Så här långt har det varit fråga om klassiska indikatorer på skillnader i makt: «härarna» och «pengarna», det vill säga de materiella resurserna. Vad om ett annat slags resurs, den intellektuella? Kan intellektuella resurser uppväga underlägsenhet i fråga om materiella? Här kommer några exempel på vad som kanske är relevant, eller kanske inte.

Tabell 1.4 visar tio i topp i 2018 års PISA-data om 15-åringars kunskaper i naturvetenskap: dels Kina och Japan, dels en rad mindre stater med Singapore och Estland i spetsen. I tabell 1.5, som visar OECD-data om andel högutbildade i åldern 55–64 år, hittar vi samma blandning av stater som är betydande enligt traditionella kriterier, som Ryssland, Japan och USA, och mindre länder som Israel, Kanada och Finland. I tabell 1.6, om naturvetenskaplig publicering, bekräftas å andra sidan USA:s, Kinas och EU-ländernas särställning.

Tabell 1.4. 15-åringars kunskaper i naturvetenskap 2018 enligt PISA

1. Kina	590
2. Singapore	551
3. Estland	530
4. Japan	529
5. Finland	522
6. Sydkorea	519
7. Kanada	518
8. Taiwan	516
9. Polen	511
10. Nya Zeeland	508
16. USA	502

Källa: PISA 2018: Insights and Evidence (OECD 2019). I rapporten står Kina för Beijing-Shanghai-Jiangsu-Zhejiang (Macao och Hong Kong redovisas separat men har inte tagits med i tabellen).

Tabell 1.5. Högutbildade i åldern 55–64 år, 2018 (procent)

1. Ryssland	51
2. Israel	48
Kanada	48
4. Japan	43
USA	43
6. Finland	40
7. Estland	38
8. Storbritannien	37
9. Australien	35
10. Norge	34
Schweiz	34

Anm. Uppgift om Kina saknas. Källa: OECD

Tabell 1.6. Naturvetenskapliga publikationer 2018–19 (medförfattare, antal)

1. USA	28 202
2. Kina	17 036
3. Tyskland	8 646
4. Storbritannien	7 674
5. Frankrike	4 884
6. Japan	4 841
7. Kanada	3 313
8. Schweiz	3 164
9. Australien	2 888
10. Spanien	2 665

Källa: natureindex.com

Tabell 1.7. Frånvaro av korruption 2018 (index)

1. Danmark	88
2. Nya Zeeland	87
3. Finland	85
Schweiz	85
Singapore	85
Sverige	85
7. Norge	84
8. Nederländerna	82
9. Kanada	81
Luxemburg	81
22. USA	71
87. Kina	39

Källa: transparency.org

Tabell 1.8. Sociala framsteg 2018–19 (index)

1. Norge	90,95
2. Danmark	90,09
3. Schweiz	89,89
4. Finland	89,56
5. Sverige	89,45
6. Island	89,29
7. Nya Zeeland	88,93
8. Tyskland	88,84
9. Kanada	88,81
10. Japan	88,34
26. USA	83,62
89. Kina	64,54

Källa: socialprogressindex.com

I tabell 1.7 och 1.8 experimenterar jag med en ytterligare faktor som kanske, eller kanske inte, säger något om makt, nämligen samhällenas funktionsduglighet eller vad man skulle kunna kalla deras organisatoriska makt. Småstater toppar båda listorna, med USA på plats 22 respektive 26 och Kina på plats 87 respektive 89.

Experimentet med andra maktindikatorer än storleken av «härarna» – ekonomiska, intellektuella, organisatoriska – stärker intrycket att saken är sammansatt och att det är svårt, och kanske svårare än förr, att avgränsa en distinkt grupp av stater, «stormakterna».

Regionala stormakter. På 1970-talet började man tala om att de egentliga stormakterna – då USA och Sovjetunionen samt i andra hand Kina, Frankrike och Storbritannien – tappat mark till vad man kallade regionala stormakter. Exakt vad en regional stormakt var förblev oklart: kanske något i stil med en stat som, utan att vara «global» stormakt, hade ett dominerande inflytande hemmavid, i sin egen region. I ett nummer av Utrikespolitiska institutets tidskrift *Internationella Studier*, vilket utkom 1976 med mig som gästredaktör, behandlade vi ett antal länder som «brukar nämnas på tal om dagens och framtidens regionala stormakter», nämligen Iran, Japan, Vietnam, Nigeria, Sydafrika och Brasilien. Idag skulle listan åtminstone delvis ha sett annorlunda ut.

Föreställningen om regionala stormakter tycks stå för en realitet i den internationella politiken: det tycks tydligt att i lokala konflikter de globala stormakterna riskerar att möta inte bara varandra utan också tunga regionala aktörer. Att på ett konsekvent och systematiskt sätt avgöra vilka av världens länder som är regionala stormakter är emellertid inte lätt.

Om man ändå vill ge sig in på detta är den första uppgiften att avgöra hur världen ska indelas i regioner. Ett sätt är att pröva sig fram med en blandning av geografi och politik: Ostasien, Sydasien, Mellanöstern inklusive Nordafrika, Europa, Afrika söder om Sahara samt Latinamerika.

Nästa fråga är om samma indikatorer på makt kan användas regionalt som globalt. Är en regional stormakt den stat i en region som har de «största härarna», den största ekonomin, den högsta utbildningen? Eller bör man se till ambitionerna och som regional stormakt räkna en stat vars ledning tydligt eftersträvar kontroll över regionen? I det förra fallet är Israel och Turkiet att räkna som stormakter i Mellanöstern, i det senare fallet snarare Iran och Saudiarabien. Det senare står nog i bättre överensstämmelse med vad man brukat mena när man talat om regionala stormakter, men det är svårt att föreställa sig en strikt metod för att bestämma vilka som ska räknas till denna kategori.

Jag försöker, på fri hand. Utgångspunkten för tankeexperimentet är att endast USA, Kina och EU är att se som dagens globala stormakter. I så fall: Ostasien – Japan. Sydasien – Indien och kanske Pakistan. Mellanöstern – Saudiarabien och Iran. Europa – Ryssland och kanske Storbritannien efter Brexit.* Afrika söder om Sahara – ingen. Latinamerika – Brasilien.

Det tycks som om stater som dessa blivit mer betydelsefulla regionala konkurrenter till de globala stor- eller supermakterna än de var under tidigare epoker, men det är svårt att säga något bestämt om detta. Särskilt som själva begreppet regional stormakt är diffust är detta en faktor som bidrar till att göra 2000-talets internationella maktstruktur svårbestämbar.

Ett tillägg: vad än «regional stormakt» betyder är detta något annat än den för ett halvsekel sedan rådande föreställningen om «middle powers», vilka tillskrevs, och tillskrev sig, ett särskilt ansvar för freden och säkerheten. Åtskilliga stater, däribland Sverige, har karakteriserats eller karakteriserat sig som «middle powers» men begreppet kom i första hand att användas om Kanada. Det förefaller ha fallit ur bruk efter det att det kalla krigets bipolära struktur upplösts, men säkert finns fortfarande kandidater till denna nobla internationella roll.

Sammanfattningsvis: Vissa staters särställning är mindre entydig än den ansetts ha varit under tidigare epoker. Icke-materiella resurser är fördelade på ett annat sätt än materiella. En av de viktigaste aktörerna är ett mellanting mellan stat och mellanstatlig organisation. De två, eller kanske tre, supermakterna har konkurrens av oklart definierade regionala stormakter. Vad betyder den, som det förefaller, minskade entydigheten för den internationella ordning för vilken stormakterna, från Wienkongressen till FN-stadgan, ansetts ha ett särskilt ansvar?

---

* Det har hävdats att kvantitativa indikatorer som militärutgifter och BNP underskattar Rysslands maktställning på ett särskilt sätt (Andrew Higgins, «Putin's Russia, Punching Above Its Weight, Keeps Adversaries Off Balance», *New York Times* 191223). Detta skulle kunna innebära att Ryssland alltjämt är att räkna som global snarare än som regional stormakt.

Stormaktspolitiken

Föreställningen om stormaktspolitiken som en struktur av särskild betydelse för freden och säkerheten går tillbaka till tiden efter Napoleonkrigen, när det som kallades «stormaktskonserten» påtog sig uppgiften att upprätthålla den ordning som åstadkommits i Versailles. Alltsedan dess har ordningen i systemet av stater – freden och säkerheten – förutsatts hänga på relationerna mellan huvudaktörerna, alltså stormakterna.

I den akademiska litteraturen om internationell politik har två stormaktspolitiska idealtyper ställts mot varandra: multipolär maktbalans och bipolär avskräckningsbalans. Det förra är en stiliserad beskrivning av stormaktspolitiken på 1800-talet, det senare av den amerikansk-sovjetiska motsättningen under det kalla kriget. Finessen med multipolär maktbalans har ansetts vara dess flexibilitet: en handfull stormakter utan fasta allianser sinsemellan kan anpassa sig till skiftande lägen, fredligt hantera sina inbördes motsättningar och begränsa konflikter mellan andra. Finessen med bipolär avskräckningsbalans har ansetts vara just frånvaron av flexibilitet: om strukturen är entydig och allt står på spel i varje konflikt saknas utrymme för äventyrligheter.

Maktbalanspolitikens epok inbegrep såväl Krimkriget 1853–1856 som fransk-preussiska kriget 1870–1871 och gick slutligt i graven genom krigsutbrottet 1914. Supermakternas ömsesidiga hot om utplåning utgjorde en existentiell balansgång på slak lina, som vid Kubakrisen 1962 och några senare tillfällen, samtidigt som den bipolära rivaliteten bidrog till upptrappning av militära konflikter på olika håll i världen, inte minst Vietnam. Ingendera stormaktspolitiska strukturen var idealisk för den internationella ordningen.

Deras olikartade sätt att inverka på den internationella ordningen är emellertid tydlig: genom stormakternas skiftande maktpolitiska manövrer i det ena fallet, genom supermakternas risktagning med enorma insatser i det andra. Det utmärkande för den stormaktspolitiska strukturen på 2000-talet är dess större obestämdhet. Den domineras varken av en handfull stormakters manövrerande eller av två supermakters ömsesidiga avskräckning. Vad kan detta betyda för den internationella ordningen, alltså för freden och säkerheten?

Här är tre reflexioner.

För det första: Att en social struktur är obestämd ökar betydelsen av enskilda aktörers egenskaper. En tydlig struktur gör det möjligt att säga något om vad som påverkar alla systemets komponenter på ett likartat sätt – ekonomiska aktörer på marknaden enligt ekonomisk teori, partier och väljare i en demokrati enligt statsvetenskaplig forskning, staterna i det internationell-politiska systemet enligt traditionell teori om internationell politik. Ju otydligare struktur desto mindre likformighet.

Nationella institutioner, ideologiska trender och personliga egenskaper har alltid spelat roll i internationell politik, vare sig maktstrukturen varit multipolär eller bipolär. Det har alltid varit skillnad mellan demokratier och diktaturer, mellan internationalism och isolationism, mellan visionära statsmän och visionslösa maktspelare. Betydelsen av det för en stat eller statsledning specifika blir emellertid större om den stormaktspolitiska strukturen är varken multipolär eller bipolär utan just obestämd. Mer än förr hänger på stormakternas inre förhållanden – på hur djup och långvarig den isolationistiska tendensen i USA visar sig bli; på om Kina kommer att fortsätta mot ett allt mer kontrollerat enpartivälde eller vika av mot pluralism; på hur gemensam EU:s gemensamma utrikespolitik visar sig bli; på vad som kommer att hända i Putins Ryssland, i mullornas Iran, i Indien, Brasilien, Saudiarabien.

För det andra: Det kan bli svårare än förr att bedöma vilka stater som kommer att vara huvudaktörer i ett givet internationellt sammanhang. Stormaktspolitiken kan bli mer regionaliserad. Dess struktur kan mer än förr komma att bero på om det handlar om Ostasien, Sydasien, Mellanöstern, Europa eller Latinamerika. Med skilda konsekvenser för den internationella ordningen i skilda regioner.

För det tredje: Stormakterna, globala så väl som regionala, kan över huvud taget komma att spela mindre roll än under de två tidigare seklen, både som den internationella ordningens garanter och som dess sabotörer. Därmed riktas uppmärksamheten på deras motsats, småstaterna. Det finns en tradition i svensk retorik av att se småstaterna som noblare än de makthungriga stormakterna – det tappra Finland, det rättfärdiga Vietnam, det utsatta Palestina. Med en stormaktspolitik i reträtt blir emellertid fältet friare även för aggressiva nationalister, makthungriga småstatsledare och extremistiska rörelser. Med mindre hierarki hotar mer anarki.

Summan är både mindre ordning och mer: större spelrum för lokala konflikter, såväl internationella som inomnationella, men mindre stormaktskonfrontation. Varken som Sarajevo 1914 eller Kuba 1962, snarare som Srebrenica 1995 eller Aleppo 2014. Krig, kanske förödande, inom och mellan länder, men mindre risk för stormaktskrig. Världsfreden är inte i fara, men freden runt om i världen.

2. Hur man blir en stat: folkets självbestämmande?

Att se den suveräna staten som den primära enheten i internationell politik är vedertaget sedan långa tider, men medan statssystemet funnits i sekler har dess komponenter varierat. Stater har kommit och gått. Detta leder till frågan hur idag existerande stater har uppkommit och hur nya kan tänkas tillkomma. Hur blir man en stat?

Om hur staters tillkomst ska förklaras finns en omfattande litteratur.[1] Mitt syfte är mer begränsat. Jag ska utgå från den princip för statsbildning som har skrivits in i artikel 1.2 av Förenta Nationernas stadga, nämligen «folkens lika rättigheter och självbestämmanderätt». I 1966 års FN-konvention om medborgerliga och politiska rättigheter förtydligas att detta ger folken rätt att «fritt bestämma sin politiska ställning». Vilken roll har denna princip spelat för statssystemets utveckling? Vilken betydelse bör den ges framöver? Varför Montenegro 2006 och Sydsudan 2011 (de när detta skrivs senast tillkomna staterna) men inte Katalonien eller Ambazonien (två aktuella statsbildningsförsök)?

Det finns tre sätt på vilka statssystemet kan få en ny komponent: sammanslagning, delning, separation. Den amerikanska revolutionen 1776 — USA:s separation från Storbritannien — var det första tillfälle vid vilket en idag existerande stat tillkom genom något som liknade ett folks självbestämmande; jag ska återkomma till detta. Av FN:s 193 medlemsstater har 167, alltså 86 procent, tillkommit sedan dess. Av dem har tre blivit till genom enande (Tyskland, Italien, Saudiarabien) och två genom delning (Tjeckien och Slovakien) medan övriga har blivit stater genom separation.

Principen om folkens rätt till självbestämmande är svår att förena med en annan norm i internationell politik, och i FN-stadgan: den suveräna statens territoriella integritet. I folkrättslig litteratur finns uppfattningen att staters integritet har företräde framför folkens självbestämmande utom när det område det gäller har kolonial status eller är utsatt för förtryck,[2] och i politisk-teoretisk litteratur finns en skeptisk diskussion om självbestämmanderättens rimlighet.[3]

Vad jag ska göra är enklare: undersöka i vad mån dagens stater faktiskt har kommit till på ett sätt som motsvarar principen om självbestämmande samt diskutera dess tillämpning i framtida konflikter om statsbildning.

Principen om folkens rätt till självbestämmande har tre adressater. För det första separatistiska rörelser genom att begränsa deras möjligheter att agera utan folkligt mandat. För det andra regeringar i moderländer genom att göra det svårare för dem att motsätta sig folkligt baserad separatism. För det tredje övriga regeringar genom att ange ett kriterium för deras hållning till statsbildningsanspråk på andra håll.

En undersökning av principens tillämpning förutsätter att nyckelbegreppen preciseras. Vad menas med ett «folk», det vill säga innehavaren av den angivna rättigheten? Hur gör ett folk när det «bestämmer»? Vad menas med den «självständiga» stat som folket ska kunna fatta beslut om att bilda? Jag ska inte diskutera dessa begrepp som en jurist som tolkar gällande rätt, och inte heller som en idéhistoriker som undersöker hur begreppen har vuxit fram, utan som en forskare som behöver redskap för att systematiskt söka mönster i politiskt agerande.

Folket. I FN-stadgan, för vilken «folkens» självbestämmanderätt är en grund, råder begreppsförvirring. Organisationen, som säger sig vara bildad av «nationer», består i själva verket av «stater». Det är oklart om dessa «stater», eller kanske «nationer», förutsätts vara tillkomna genom att respektive «folk» har självbestämt eller om principen om «folkens», eller kanske «nationernas», självbestämmande endast är avsedd att gälla bildandet av nya «stater».

Sedan 1800-talet har debatterats om folk eller nationer konstitueras av etnicitet eller av medborgarskap. Det är knappast klart vilketdera som föresvävade dem som skrev FN:s stadga eller de många regeringar som senare undertecknade den. Om principen om folkens självbestämmanderätt ska kunna tillämpas på ett icke godtyckligt sätt är det nödvändigt att ta ställning i denna fråga.

I det följande utgår jag från att självbestämmande är en rättighet för invånarna i det område vars ställning saken gäller. Beslut om ändrad politisk ställning för ett område ska fattas av dem som lever i detta utan uteslutande av somliga («främlingar» som inte anses höra dit fastän de lever där) eller inkluderande av andra («landsmän» som anses höra dit fastän de lever på annat håll) — så kommer principen om folkens rätt till självbestämmande att tolkas här.

Självbestämmandet. Oklarhet råder även om hur det ska ha gått till för att ett folk ska anses ha «självbestämt». I det följande kommer självbestämmanderätten att tolkas som en demokratisk princip. Det är väsentligt, ska jag förutsätta, att beslutet om statstillhörighet fattas genom en demokratisk process, det vill säga genom beslut av en demokratiskt vald församling, genom folkomröstning eller bådadera.

Denna proceduriella definition av självbestämmande är inte allmänt vedertagen. Det finns en tradition av att i det förhållandet att en ny stat fungerar och befolkningen lyder de styrande se ett tillräckligt belägg för att den nya staten är grundad på befolkningens vilja.[4] Det finns också en tradition av att se framgångsrika befrielserörelser som företrädare för folkviljan genom själva sin framgång. Att definiera självbestämmande som en demokratisk process gör principen snävare än många velat göra den. Det krävs med denna tolkning att invånarna i det aktuella området faktiskt har beslutat om statsbildning genom direkt eller indirekt demokrati.

Idealt handlar det om allmän och lika rösträtt för kvinnor och män, om yttrande- och organisationsfrihet samt om fri opinionsbildning. Vid en undersökning av hur det historiskt har gått till måste dessa kriterier mjukas upp. Dels är rösträtt för kvinnor en sen företeelse (tidigast i Nya Zeeland 1893, senast i Saudiarabien 2015). Dels är det en oöverkomlig uppgift för en enskild forskare att i hundratals historiska fall undersöka om de konkreta omständigheterna har motsvarat demokratins ideal. Man får göra vad som är möjligt när man går sekler bakåt i historien: så gott det går bedöma i vad mån de faktiska processerna har levat upp till principen om demokratiskt självbestämmande.

Självständigheten. Det som rätten till självbestämmande ska möjliggöra kallas omväxlande för suveränitet, oberoende och självständighet. De nyansskillnader som finns mellan dessa begrepp är utan betydelse i det följande. I diskussionen förekommer också ett fjärde begrepp, autonomi, i meningen självstyre inom ramen för en större enhet. Autonomi i denna mening kan vara ett förstadium till suveränitet. Det kan också vara en kompromiss mellan utträde ur och kvarblivande i en stat. I intetdera fallet innebär autonomi för ett område att en ny suverän — självständig, oberoende — stat har tillkommit.

Den svårare frågan är en annan: förutsätter suveränitet andra staters erkännande, eller kan en stat existera oberoende av sådant erkännande? Olika svar ges i litteraturen.[5] En möjlighet är att skilja mellan statssystemet och statssamfundet, där det förra består av självständigt agerande enheter oavsett andras erkännande medan det senare är en gemenskap i vilken medlemskap förutsätter andras godkännande. I det följande ska jag främst behandla statssamfundets medlemmar, det vill säga de stater som fått så brett erkännande att de invalts som medlemmar av FN. Jag ska emellertid också säga något om komponenter i statssystemet som inte accepterats som medlemmar av statssamfundet och om de många självständighetsrörelser som ännu inte lyckats etablera sig som stater i någondera meningen.

Hur staterna har tillkommit

Anta alltså att vi vill bilda oss en uppfattning om i vad mån FN:s 193 medlemsstater har tillkommit på ett sätt som är förenligt med principen om folkens självbestämmande.*

En vattendelare i statssystemets historia är, som nämnts, USA:s självständighetsförklaring 1776. Man kan i många fall diskutera när en stat ska anses ha tillkommit som självständig enhet, men bara 26 av FN:s medlemsstater torde kunna tillskrivas en historia som går tillbaka till tiden före upplysningen och den av upplysningsidéer inspirerade amerikanska revolutionen.** Av dessa kan fem sägas ha tillkommit före Kristi födelse. I ungefärlig åldersordning: Egypten, Kina, Jemen, Iran, Japan. Därefter, i ungefärlig åldersordning, Etiopien, San Marino, Frankrike, Danmark, Ryssland, Ungern, Sverige, Portugal, Österrike, Andorra, Polen, Thailand, Spanien, Schweiz, Nederländerna, Bhutan, Oman, Storbritannien, Liechtenstein, Kuwait och Nepal. I fråga om dessa 26 stater

* De många faktiska förhållanden som omnämns i det följande är huvudsakligen allmängods som lätt kan kontrolleras och som det inte har tett sig nödvändigt att dokumentera med detaljerade referenser annat än när det är fråga om direkta citat.

** De skilda bedömningar som kan göras av när stater ska anses ha blivit till saknar betydelse för undersökningens huvudsakliga slutsatser. En redovisning av när var och en av FN:s 193 medlemsstater bedömts ha tillkommit finns i bilagan, där också några bedömningsproblem behandlas.

får det anses anakronistiskt att ställa frågan huruvida deras tillkomst har med respektive folks vilja att göra.

Med den amerikanska revolutionen är det annorlunda. De amerikanska revolutionärerna, inspirerade av en ny tids idéer, var först med att beskriva sin nya stat som ett rättfärdigt uttryck för sitt folks vilja.

USA 1776

Alla vet hur USA gjorde sig självständigt. En kongress med delegater från tolv, senare tretton brittiska kolonier sammanträdde i Philadelphia efter det att en protest mot den brittiska tullpolitiken («Boston Tea Party») utvecklats till en väpnad konfrontation i Massachusetts. Vid kongressen i Philadelphia var det en utbredd mening att kolonierna i Nordamerika gemensamt borde förklara sig oberoende. Ett beslut försvårades av att flera delegationer saknade mandat för en sådan åtgärd och måste försäkra sig om stöd hemifrån, men 4 juli 1776 kunde kongressen i Philadelphia enhälligt anta en deklaration om bildandet av ett självständigt USA. Under det följande kriget mot Storbritannien ingicks 1778 en allians med Frankrike, varigenom det nya landets självständighet fick erkännande av åtminstone en av dåtidens stormakter.

Att detta innebar att ett amerikanskt folk beslutat styra sig självt hävdades i självständighetsförklaringen. Det hörde enligt förklaringen till de självklara sanningarna att regeringar var inrättade för att trygga människornas grundläggande rättigheter, att det var de styrda som gett dem rätten att styra och att det var «folkets rättighet att ändra eller upphäva styrelseformen och instifta en ny».[6]

För att det var fråga om självbestämmande i demokratisk mening talar att självständighetsförklaringen gjordes enhälligt av delegater som försäkrat sig om förankring hemmavid. Mot talar att delegaterna i Philadelphia utsetts på varierande sätt och ingenstans genom val med allmän rösträtt (rösträtten var i flertalet kolonier begränsad till vita män som uppfyllde krav på ägande eller inkomst). Det som hände i Philadelphia 1776 utgjorde därför ett mellanting mellan ett tydligt genomfört folkligt självbestämmande och ett beslut av furstar, generaler eller andra eliter över folkets huvuden.

När jag i det följande går igenom de stater som tillkommit efter 1776 ska jag därför skilja mellan fyra möjliga svar på frågan om självbestämmande ägt rum:

* *ja:* självständighetsförklaringen är beslutad eller bekräftad genom en folkomröstning och/eller är gjord av en demokratiskt vald församling
* *delvis:* de omständigheter under vilka självständighetsförklaringen avges gör det troligt att den har bred förankring (det sätt varpå beslutsfattarna kommit till makten, karaktären av det politiska system som inrättats efter självständigheten, frånvaro av tecken på att väsentliga delar av befolkningen är motståndare till åtgärden)
* *oklart*
* *nej:* självständigheten beslutas av auktoritär regim, av ockupations- eller kolonialmakt eller genom mellanstatlig förhandling eller internationellt avtal.

Detta är riktlinjer för tolkning, inte väldefinierade kategorier. I bilagan till detta kapitel redovisas vilken bedömning som har gjorts av varje enskild statsbildning.

Efter 1776: statssystemets omdaning

166 av FN:s medlemsstater har kommit till efter den amerikanska revolutionen, från Haiti (1804) till Sydsudan (2011). Av dem tillkom 28 under 1800-talet, 31 under första hälften av 1900-talet och det stora flertalet, 107, efter 1950; se tabell 2.1.

1776 var startpunkten, men det dröjde till 1905 innan principen om folkens självbestämmanderätt för första gången tillämpades på ett fullödigt sätt. Detta var vid Norges uppbrott från unionen med Sverige. I Norge rådde sedan 1898 allmän rösträtt för män över 25 år, och efter det att stortinget förklarat att unionen med Sverige upphört bekräftades detta med massiv majoritet i en folkomröstning. Krig avvärjdes genom att delegater från Norge och Sverige enades om villkoren för upplösningen vid ett möte i Karlstad. Kvinnor saknade rösträtt i Norge liksom nästan överallt vid denna tid, men eljest var unionsupplösningen en mönstergill tillämpning av principen om folkens självbestämmande. Andra tidiga, relativt tydliga exempel på självbestämmande i demokratisk mening var Australien (1901), Nya Zeeland (1907), Finland (1917), Island (1918), Estland (1918), Lettland (1918), Litauen (1918) och Irland (1919).*

Tabell 2.1. Självbestämmande vid nya staters tillkomst

	ja	delvis	oklart	nej	ej relevant	summa
-1775					26	26
1776–1800		1				1
1801–1825		2		7		9
1826–1850		2		10		12
1851–1875		2		2		4
1876–1900				3		3
1901–1925	8	3		6		17
1926–1950	3	5		6		14
1951–1975	39	8	3	19		69
1976–2000	17	12	1	5		35
2001–	3					3
summa	70	35	4	58	26	193

Så småningom blev självbestämmande normen, men som framgår av tabell 2.1 fortsatte det ännu efter andra världskriget att finnas gott om exempel på motsatsen. Ett var det brittiska protektoratet Brunei, vars oberoende framförhandlades mellan sultanen och den brittiska regeringen; inga val hade hållits på två decennier när proklamationen om oberoende upplästes av sultanen vid årsskiftet 1983/84. Ett annat var Angola, där det i stället för ett planerat val

* Varken Australien, Nya Zeeland eller Island blev självständiga i samma mening som Norge vid dessa tidpunkter: de två förstnämnda blev dominions inom brittiska samväldet, och Island uppdrog åt Danmark att sköta landets utrikespolitik och försvar i det fördrag i vilket dess suveränitet erkändes.

blev inbördeskrig i vilket MPLA, en av tre gerillarörelser, fick överhanden med militärt stöd från Sovjetunionen och Kuba, varefter marxistiskt enpartistyre infördes.

Av de stater som etablerats efter den amerikanska revolutionen har som nämnts två tillkommit genom att en tidigare stat delats: Tjeckien och Slovakien. Uppdelningen 1993 skedde genom överenskommelse mellan valda regeringar men det kan diskuteras i vad mån den var uttryck för dessa båda folks självbestämmande (enligt en opinionsundersökning 1992 förespråkades Tjeckoslovakiens upplösning av 37 procent slovaker och 36 procent tjecker).[7] Tre stater har blivit till genom enande: Italien 1861, Tyskland 1871 och Saudiarabien 1932. Italiens enande hade drag som gör att det i någon mån kan ses som resultatet av ett folks självbestämmande, medan maktpolitik dominerade i de båda andra fallen.

Övriga statsbildningar sedan 1776 har, liksom tillkomsten av USA, skett genom utträde från någon annan stats maktsfär eller kontroll. Det som dominerat utvecklingen är imperiernas upplösning: av de 166 stater som tillkom efter 1776 hade 57 tidigare varit brittiska, 27 franska, 16 spanska, 16 ryska/sovjetiska, 6 osmanska/turkiska, 6 portugisiska, 4 nederländska och 3 belgiska. Denna frigörelseprocess skedde ibland genom självbestämmande, ibland inte. Att här analysera varje enskilt fall går inte men det är å andra sidan önskvärt att ge mer konkretion åt statssystemets utvecklingshistoria än vad som är möjligt i en tabell. De följande påminnelserna om huvudlinjerna och noteringarna om enskilda stater ät en kompromiss.

Latinamerika 1813–1903

Sedan Spanien gett sig in i Napoleonkrigen och ockuperats av Frankrike inleddes en rad revolutioner i dess amerikanska besittningar. I Spanien hade juntor (termen myntades nu) av oklar representativitet bildats för att organisera motståndet mot Frankrike, och juntor kom att spela en viktig roll vid uppkomsten av nya stater i Sydamerika med början i Paraguay 2013.

Det finns flera skäl mot att betrakta de nya staterna som resultat av ett antal folks självbestämmande. Oenighet rådde i de spanska kolonierna mellan självständighetskämpar och rojalister, och strider utkämpades inte bara mot spanska trupper utan också inom och mellan kolonierna. Argentinas självständighet hade dock sin grund i *Congreso de Tucumán* 1816, vid vilken delegater från provinserna proklamerade sitt oberoende av Spanien. I Brasilien, där den portugisiske kronprinsen Dom Pedro 1922 förklarat landet självständigt i samråd med liberala krafter, infördes likaså en författning med en vald *Assembleia Geral*, vilket kan sägas ha gett självständighetsförklaringen en viss demokratisk legitimitet. Eljest kan man när det gäller Sydamerika knappast finna ens ansatser till demokratisk förankring liknande den i Philadelphia 1776.

På liknande sätt förhöll det sig med Centralamerikanska Federationen, som bildades 1823 men på 1830-talet sönderföll i fem självständiga stater (Costa Rica, Honduras, Nicaragua, Guatemala, El Salvador). Även med de centralamerikanska stater med spansk bakgrund som blev oberoende först på 1900-talet, båda genom amerikansk intervention snarare än folkens självbestämmande: Kuba (1902) och Panama (1903).

Återstår Haiti som förklarade sig oberoende av Frankrike 1804 efter ett slavuppror följt av en massaker på den vita befolkningen, ett tidigt exempel på en självständighetsrörelse vars breda stöd tycktes tydligt men vars seger varken skedde med demokratiska medel eller bekräftades av demokratiska institutioner. Detsamma gällde om Dominikanska Republiken, vilken bildades 1844 genom utbrytning av spansktalande ur Haiti.

Brittiska imperiet 1867–1984

Efter den amerikanska revolutionen kom de första nya statsbildningarna inom det brittiska imperiet att bli Kanada (1867), Australien (1901), Nya Zeeland (1907), Sydafrika (1910) och Irland (1919), i samtliga fall genom folkligt självbestämmande i åtminstone samma grad som i Philadelphia 1776. Tiden därefter finns det skäl att diskutera region för region.

Mellanöstern 1919–1971. I Mellanöstern har varje stat sin egen självständighetshistoria. Afghanistans självständighetsförklaring avgavs av kung Amanullah Kahn år 1919 efter det tredje anglo-afghanska kriget. Irak, ett brittiskt

NF-mandat sedan 1920, blev självständigt 1932 på begäran av den av brittiska regeringen utsedde kung Faisal I. Transjordanien fick självständighet 1946 genom överenskommelse mellan brittiska regeringen och kung Abdullah (efter erövringen av en del av Palestina väster om Jordanfloden 1948 bytte landet namn till Jordanien). Qatar blev självständigt 1971 genom en överenskommelse mellan emiren och den brittiska regeringen. När det gällde de områden som skulle utgöra Förenade Arabemiraten tog den brittiska regeringen initiativet genom att avveckla de skilda protektoraten. Intet av dessa fall hade mycket med något folks självbestämmande att göra.

Med Israel var det annorlunda. Ingen tvekan behöver råda om att den stora majoriteten av den judiska befolkningen i Palestina, representerad av den demokratiskt valda Jewish Agency, var entusiastisk över bildandet av en egen stat år 1948 i enlighet med FN:s rekommendation året innan.

Annorlunda var det också med Bahrain. Där genomfördes 1970 på FN:s uppdrag en undersökning av huruvida invånarna önskade att landet skulle bli självständigt eller tillföras Iran. En stor majoritet visade sig önska självständighet.

Sydasien 1947–1957. Det är inte lätt att karakterisera de sammansatta processer som ledde till tillkomsten av Indien, Pakistan, Sri Lanka och Myanmar 1947–1948 samt Malaya 1957, men det finns skäl att beteckna dem som åtminstone delvis uttryck för respektive folks självbestämmande. Både indiska kongresspartiet och Muslim League var breda rörelser. När Sri Lanka (Ceylon) blev självständigt hade landet en koalitionsregering baserad på val året innan. Myanmar (Burma) blev självständigt efter överenskommelse mellan de etniska grupperna i landet, och självständigheten följdes av flerpartival. Malaya, senare Malaysia, fick självständighet efter det att val hållits två år tidigare.

Afrika 1956–1968. Vägen till oberoende för de många brittiska kolonierna i Afrika följde ett mönster: först självstyre i relativt demokratiska former, sedan självständighet under en vald regering. I stora drag var det så det gick till i Sudan (självständigt 1956), Ghana (1957), Nigeria (1960), Sierra Leone (1961), Kenya (1963), Malawi (1964), Zambia (1964), Gambia (1965), Botswana (1966), Lesotho (1966) och Swaziland (1968), i viss mån också i Uganda (1962). I alla dessa fall får man säga att principen om självbestämmande följdes. Detta gällde också om Somalia, som blev självständigt 1960 efter sammanslagningen av Brittiska och Italienska Somaliland med en konstitution som godtogs i en folkomröstning 1961.

Ett svårbedömt fall är Tanganyika, senare Tanzania, som från början fungerade som en enpartistat. Ett annat är Sydrhodesia: en på vit rösträtt baserad regering förklarade landet självständigt 1965 men tvingades till reträtt; i ett val 1980 fick i stället UANC (United African National Council) majoritet, landets namn ändrades till Zimbabwe och Storbritannien erkände dess självständighet.

Mellan- och Sydamerika. Västindiska Federationen bildades 1958 i syfte att sammanföra ett antal kolonier till en självständig enhet men upplöstes efter fyra år sedan Jamaica beslutat förklara sig självständigt. Jamaica hade haft parlamentariskt självstyre baserat på allmän rösträtt sedan 1944, och utträdet ur federationen skedde efter en folkomröstning. Andra delar av federationen förklarade sig självständiga under de följande åren genom självbestämmande, helt eller delvis (Trinidad och Tobago 1962, Barbados 1966, Grenada 1974, Dominica 1978, Saint Lucia 1979, Saint Vincent och Grenadinerna 1979).

I Brittiska Guyana försenades oberoendet av oroligheter och oenighet, men 1964 utarbetade brittiska regeringen en plan för oberoende som förutsatte nyval, och sedan detta hållits blev landet självständigt 1966. Bahamas, som också byggt upp ett politiskt system efter brittisk modell, fick autonomi 1964 och självständighet 1973. Antigua och Barbuda blev självständigt 1978 och Saint Kitts och Nevis 1983, även i dessa fall efter procedurer med drag av självbestämmande. I det blivande Belize hölls val med allmän rösträtt 1954 som vanns av självständighetspartiet; självständigheten försenades av Guatemalas territoriella krav men blev ett faktum 1981.

Indiska Oceanen och Stilla Havet 1965–1984. De brittiska besittningarna i dessa havsområden gick mot oberoende på varierande sätt. I några fall var det uppenbarligen fråga om något annat än folkens självbestämmande. Maldiverna blev självständigt 1965 genom en överenskommelse med det maldiviska sultanatet. Tonga fortsatte som ärftligt, auktoritärt kungadöme efter självständigheten 1970. På både Fiji och Seychellerna rådde oenighet om oberoendet, och saken avgjordes i båda fallen av den brittiska hållningen (1970 respektive 1976). Å andra sidan tillkom oberoendet i demokratiska former i vad som kom att bli Mauritius (1968), Salomonöarna (1978), Tuvalu (1978) och Kiribati (1979).

Bilden av hur det brittiska imperiet avvecklades är alltså skiftande. I många fall fanns åtminstone drag av självbestämmande, men det fanns också exempel på hur kolonialmakten samspelade med lokala potentater, särskilt i Mellanöstern, och till och med på att folkmajoriteten i det aktuella området röstat mot den självständighet som likväl genomfördes (Seychellerna).

Franska imperiet 1943–1980

Mellanöstern 1943–1946. Efter första världskriget erhöll Frankrike Syrien som NF-mandat, varifrån Libanon avskildes 1926. Frankrikes exilregering i London meddelade 1941 att Libanon skulle bli självständigt; val hölls 1943, varefter den libanesiska regeringen ensidigt avvecklade mandatet. I Syrien hade en revolt slagits ner 1925, men oppositionen mot det franska styret fick den franska exilregeringen att utlova självständighet även till Syrien, vilken utropades när de franska styrkorna lämnat landet 1946. I detta fall kan man inte tala om ens drag av självbestämmande i demokratisk mening.

Indokina 1945–1975. Viet Minh, en marxistisk befrielserörelse, uppstod i början av 1940-talet för att motarbeta den japanska ockupationen och genomdriva oberoende av Frankrike. Efter Japans kapitulation 1945 intog Viet Minh huvudstaden Hanoi där nationellt oberoende proklamerades. Frankrikes försök att återupprätta sitt indokinesiska styre ledde till ett krig som kulminerade i de franska styrkornas nederlag vid Dien Bien Phu 1954. Nu kontrollerade Viet Minh större delen av Vietnam, medan Frankrike alltjämt hade kontroll över större delen av Laos och Kambodja.

Vid en konferens i Genève 1954 erkändes Laos och Kambodja som självständiga stater, från vilka såväl franska styrkor som Viet Minh-styrkor skulle dras bort; båda var kungariken präglade av motsättningen mellan konservativa och marxistiska grupper. Vietnam delades längs 17:e breddgraden i avvaktan på ett val 1956.

Sedan den antikommunistiska ledaren Ngô Đình Diệm 1955 meddelat att Sydvietnam inte skulle delta i valet samt förklarat sig vara president i den nya enheten Vietnamesiska Republiken, inleddes det som skulle bli det andra Vietnamkriget. Dess förlopp fick sin prägel av en amerikansk militär intervention, massiv från och med 1965, följd av en amerikansk reträtt 1973. Efter nordsidans erövring av Saigon 1975 förenades Nord- och Sydvietnam till den Socialistiska Republiken Vietnam, varvid det antikommunistiska motståndet undertrycktes i söder liksom tidigare i norr. Ingenting liknande självbestämmande i demokratisk mening ägde rum i Indokina.

Afrika 1956–1978. De franska territorier i Afrika som först blev självständiga var Marocko och Tunisien (1956). I båda fanns nationalistiska rörelser sedan tidigare men i båda uppnåddes självständigheten genom förhandling med franska regeringen och följdes av auktoritära regimer. Algeriet blev självständigt först efter ett mångårigt krig, men den slutliga överenskommelsen 1962 mellan Frankrike och algeriska FNL godtogs i en folkomröstning (mer om det algeriska frihetskriget senare i kapitlet).

Söder om Maghreb följde utvecklingen i huvudsak en lag som den franska nationalförsamlingen stiftat 1956, enligt vilken befogenheter skulle överföras från Paris till församlingar valda med allmän rösträtt. Sådana val hölls 1957–1958, och även folkomröstningar om ländernas framtida ställning. En rad franska territorier blev självständiga på denna grund under åren 1958–1960: Guinea, Mauretanien, Niger, Mali, Dahomey (numera Benin), Senegal, Övre Volta (numera Burkina Fasso), Elfenbenskusten, Centralafrikanska Republiken, Gabon, Kongo-Brazzaville (numera Republiken Kongo) och Madagascar. Också Tchad, med annorlunda historia, blev självständigt 1960 med ledaren för det i ett val vinnande partiet som president. Togo fick självständighet samma år efter ett val där nationalisterna segrat.

Det finns fler exempel på att principen om folkens självbestämmande tillmättes betydelse i avvecklingen av det franska imperiet i Afrika. I folkomröstningar på Comorerna röstade tre av öarna för oberoende men den fjärde för att kvarbli under franskt styre; de tre förstnämnda blev 1978 den självständiga republiken Comorerna. I Djibouti, tidigare Franska Somaliland, hölls flera folkomröstningar angående om området skulle uppgå i Somalia eller behålla den tidigare relationen med Frankrike; majoriteten röstade för det senare både 1957 och 1967, men vid en tredje folkomröstning 1977 röstade majoriteten för oberoende, varefter Djibouti blev en självständig stat.

Ett specialfall var Kamerun, ett franskt mandatområde under NF, vilket erhöll självständighet 1960 och följande år sammanslogs uppifrån med ett angränsande brittiskt mandat. Detta kom att bli ett av de områden där ett aktivt utbrytningsförsök pågick på 2010-talet – Ambazonien förklarade sig självständigt både 2006 och 2017.

Summan är att principen om folkens självbestämmande spelade föga roll vid avvecklingen av det franska imperiet i Indokina och Nordafrika men hade väsentlig betydelse i Afrika söder om Sahara.

Ryssland/Sovjetunionen 1917–1991

Länder som blivit självständiga efter att ha varit ryska har etablerats dels i anslutning till oktoberrevolutionen 1917, dels till följd av Sovjetunionens upplösning 1991. År 1917 påbjöd bolsjevikerna allmän självbestämmanderätt och i Finland förklarade en demokratiskt vald lantdag landet självständigt, något som efter ett par veckor erkändes av den ryska regimen. Även i Estland, Lettland och Litauen fanns en utbredd nationalism och alla tre förklarade sig självständiga 1918, en självständighet som bekräftades genom allmänna val och genom inval i Nationernas Förbund.

Ur Sovjetunionens sammanbrott sjuttio år senare framträdde tio nya stater vid sidan av Ryssland och de återuppståndna baltiska länderna. Omständigheterna kring självständighetsförklaringarna varierade, men i sex fall föregicks eller bekräftades de genom folkomröstningar (Azerbajdzjan, Armenien, Georgien, Uzbekistan, Ukraina, Moldavien).*

Belarus väg till självständighet var däremot sådan att den snarast genomfördes mot folkets vilja. Vid valet i mars 1990 erhöll det nationalistiska partiet endast 10 procent av platserna i republikens högsta sovjet och i en folkomröst-

* Armenien, Azerbajdzjan och Georgien hade förklarat sig självständiga vid ungefär samma tid som de baltiska republikerna, men Azerbajdzjan och Georgien införlivades efter bara ett par år med Sovjetunionen medan Armenien delades mellan Sovjetunionen och Turkiet. Detta kan ses som tre statsbildningsprojekt vilka misslyckades i början av 1920-talet men lyckades i början av 1990-talet, liksom de kortlivade självständighetsförsök som 1917 gjordes i Moldavien och Uzbekistan.

ning 1991 röstade 83 procent för Sovjetunionens bevarande. Det var först efter det att Sovjetunionen brutit samman och andra sovjetrepubliker förklarat sig oberoende som även Belarus gjorde detta.

Tadjikistans självständighetsförklaring i september 1991 följdes av inbördeskrig. Turkmenistan deklarerade sitt oberoende i oktober 1991 under en enväldig ledare som styrt landet som kommunistpartiets förstesekreterare och fortsatte som president på livstid. Återstår Kyrgyzstan och Kazakstan, där regimer utan demokratiska procedurer förklarade länderna självständiga i december 1991 som de sista av Sovjetunionens delrepubliker. En varierande bild.

Andra exempel

Exempel på frigörelseprocesser förenliga med principen om självbestämmanderätt var Sydkorea och Palau (från USA), Rwanda och Burundi (från Belgien), Eritrea (från Etiopien), Östtimor (från Indonesien) och Sydsudan (från Sudan) samt dessutom Slovenien, Kroatien, Makedonien och till viss del Bosnien (från Jugoslavien) samt Montenegro (från Serbien). Exempel på motsatsen fanns bland Portugals före detta kolonier: inga demokratiska institutioner före självständigheten, inga folkomröstningar, enpartistyre (Guinea-Bissau, Angola, Moçambique).

I Belgiska Kongo, senare Kongo-Kinshasa, framträdde under 1950-talet konkurrerande nationalistiska rörelser och oroligheter spred sig över landet. I Bryssel hölls i början av 1960 en konferens med ledarna för de viktigare nationalistiska rörelserna, vilka genomdrev att självständighetsdagen skulle bli 1 juli samma år. Bara några dagar efter det att självständigheten utropats var det som blev känt som Kongokrisen ett faktum. Det tog åratal av inbördes strider samt militära interventioner av såväl FN som Belgien och USA innan stabila förhållanden uppnåddes.

Inte heller Indonesiens väg till självständighet följde normen om folkens självbestämmanderätt sedd som demokratisk princip. Under decennierna före den japanska ockupationen under andra världskriget hade flera rörelser riktade mot det nederländska styret konkurrerat. Omedelbart efter den japanska kapitulationen förklarade Sukarno, som samarbetat med japanerna, Indonesien självständigt. Brittiska styrkor tog emellertid kontroll över landet, vilket återlämnades till Nederländerna. Detta ledde till ett flerårigt självständighetskrig. Efter ingripande av FN erkände Nederländerna Indonesiens självständighet 1949.

Till sist en notis om Singapore, självstyrande sedan 1959, ett exempel på självständighet i strid mot folkviljan. Inom People's Action Party, storsegrare i ett val inom ramen för självstyret, förespråkade många union med Malaya, och efter en folkomröstning inträdde Singapore 1963 i det som nu blev Malaysiska federationen. Efter konflikter inom federationen beslutade emellertid malaysiska parlamentet 1965 att utesluta Singapore som därmed blev en självständig stat, folkomröstningen till trots.

Av översikten framgår hur sammansatt bilden är. Å ena sidan har en tredjedel av de FN-medlemmar som tillkommit efter 1776 blivit självständiga utan någon form av självbestämmande i demokratisk mening, och en fjärdedel av dem som tillkommit efter det att FN-stadgan börjat gälla. Å andra sidan blev sådant självbestämmande allt vanligare under loppet av 1900-talet, och idag är det nästan tre decennier sedan nya stater etablerades på annat sätt (fyra före detta sovjetrepubliker 1991). Någon grad av självbestämmande i demokratisk mening förefaller numera betraktas som väsentlig för att en ny stat ska accepteras av statssamfundet.

En svårare fråga är i vad mån det även blivit etablerat att ett demokratiskt beslut är tillräckligt för att en ny stat ska godtas. För att belysa detta kommer i nästa avsnitt en översikt över vad man kan kalla potentiella stater: sådana som inte beretts medlemskap i FN, och sådana som ännu bara är separatistiska rörelser.

Potentiella stater

Icke-medlemmar av FN

Ett antal enheter är erkända som stater av minst en FN-medlem men saknar för egen del medlemskap i världsorganisationen. Av dessa enheter i gråzonen mellan statssystem och statssamfund har några förvägrats allmänt erkännande trots att anspråken på självständighet haft grund i någon grad av demokratiskt självbestämmande (Kosovo, Abchazien, Sydossetien, Nordcypern). I två fall är folkviljan oklar eftersom ordnat självbestämmande inte skett eller kunnat ske (Palestina, Västsahara). I ett fall kan det diskuteras om självständighet är vad folket uttalat sig för (Taiwan).

Kosovo. Vid Jugoslaviens sönderfall blev situationen kritisk för den albanska befolkningen i Kosovo, en del av Serbien. Efter ett krig, i vilket Nato hejdat en serbisk offensiv, satte säkerhetsrådet 1999 Kosovo under tillfällig FN-administration. De försök som under följande år gjordes att förhandla fram en permanent lösning blev resultatlösa. I Kosovo hölls emellertid flera val och i februari 2008 beslutade landets parlament att ensidigt förklara landet självständigt.

Därmed ställdes förhållandet mellan folkens rätt till självbestämmande och staters rätt till integritet på sin spets. Den serbiska regeringen hävdade att självständighetsförklaringen var illegal och stred mot folkrätten. Enligt Ryssland, Serbiens viktigaste supporter, skyddade folkrätten varje stats okränkbarhet, varför en utbrytning krävde samtycke av den stat från vilken utbrytningen skulle ske. En rad andra stater, däribland Sverige, ansåg däremot omständigheterna i fråga om Kosovo vara sådana att utbrytningen i detta fall var godtagbar.

Oenigheten om Kosovo ledde till ett beslut i FN:s generalförsamling om att begära ett yttrande av internationella domstolen i Haag. Enligt domstolens utlåtande 2010, avgivet med tio röster mot fyra, hade självständighetsförklaringen varit förenlig med internationell rätt. Till det som övertygade ungefär halva världssamfundet om att normen om folkens självbestämmanderätt borde ta över i detta fall hörde tre omständigheter: den albanska majoriteten i Kosovo hade varit underkastad serbiskt förtryck, Kosovo hade vid självständighetsförklaringen styrts av ett FN-organ, långvariga förhandlingar om en alternativ lösning hade ingenstans lett.[8]

Abchazien. I Sovjetunionen var Abchazien en autonom del av den georgiska delrepubliken. I folkomröstningar 1991 röstade den georgiska delen av befolkningen med stor majoritet för georgisk självständighet samtidigt som den abchaziska delen med stor majoritet röstade för Sovjetunionens fortlevnad. I april 1991 förklarade sig Georgien självständigt och följande år förklarade sig Abchazien i sin tur självständigt från Georgien. I det krig som följde tog abchaziska styrkor kontroll över större delen av det tilltänkta landet.

Enligt den konstitution som separatistregeringen antog 1994 ska Abchazien vara en representativ demokrati med flerpartisystem. Flera val har hållits men deras relevans för frågan om självständighet kompliceras av att väljarkåren efter hand ändrat sammansättning: under kriget hade den georgiska delen av befolkningen minskat radikalt. Vad man förefaller kunna säga är att det finns stöd för att betrakta Abchaziens självständighet som uttryck för uppfattningen hos landets nuvarande invånare medan det är svårare att bedöma om detta gällde vid tiden för självständighetsförklaringen.

Sydossetien. Sydossetiens historia har likheter med Abchaziens: autonomi inom den georgiska Sovjetrepubliken; inskränkt autonomi sedan Georgien blivit självständigt; strider och folkomflyttningar. Folkomröstningar 1992 och 2006 gav stora majoriteter för oberoende av Georgien.

Norra Cypern. Turkiska Republiken Norra Cypern bildades på den del av ön som erövrats av Turkiet 1974 efter en grekcypriotisk statskupp. Norra Cypern utropade sig som självständig stat 1983 men erkändes bara av Turkiet. Ett FN-förslag till lösning av Cypernkonflikten blev föremål för folkomröstning 2004 och godtogs av 65 procent av turkcyprioterna men förkastades av 76 procent av grekcyprioterna. Mot denna bakgrund segrade självständighetsivrarna över återföreningsanhängarna i de nordcypriotiska valen 2009 och 2010.

Palestina. År 1947 beslutade FN:s generalförsamling rekommendera att det brittiska NF-mandatet Palestina skulle uppdelas i en judisk stat, en arabisk stat och ett FN-styrt område kring Jerusalem. Planen avvisades av dem som vid denna tid gjorde anspråk på att företräda den arabiska befolkningen. I det krig som följde erövrade Israel en större del av Palestina än enligt delningsplanen, inklusive västra Jerusalem, medan Västbanken och östra Jerusalem annekterades av Jordanien och Gazaremsan ockuperades av Egypten.

Under de följande årtiondena kunde den arabiska befolkningen i vad som varit brittiska Palestina sägas ha haft tre huvudalternativ att överväga: (1) enstatslösning på arabiska villkor, det vill säga ett odelat Palestina under arabisk kontroll, vilket var vad som fram till slutet av 1980-talet drevs av den arabiska befolkningens företrädare och är vad som alltjämt krävs av väsentliga grupper; (2) tvåstatslösning, det vill säga en självständig palestinsk stat vid sidan av Israel, vilket sedan 1990-talet är huvudlinjen för den palestinska myndigheten i Ramallah; (3) binationell enstatslösning («ett land för två folk»), en tanke som vunnit terräng sedan annat misslyckats. Enligt en undersökning 2018 avvisades alternativ 2 av 54 procent på Västbanken och i Gaza samt alternativ 3 av 80 procent, en antydan om att även alternativ 1 hade signifikant stöd.[9] Ingen demokratisk självbestämmandeprocedur har kunnat organiseras.

Västsahara. När Spanien 1975 tillkännagav sin avsikt att lämna Västsahara gjorde både Marocko och Mauretanien anspråk på detta territorium och annekterade var sin del. Befrielserörelsen Polisario proklamerade 1976 Sahrawi Arab Democratic Republic och inledde ett gerillakrig mot båda de stater som ockuperat området. Mauretanien gav upp sitt anspråk 1979, varefter Marocko utvidgade sitt till Västsahara som helhet.

I en vapenvila 1991 ingick att en folkomröstning om oberoende skulle ordnas följande år. Att folkomröstningen aldrig blev av trots upprepade FN-ansträngningar sammanhängde med oenighet om vilka som skulle ha rösträtt – Marocko och Polisario hade olika meningar om vilka som hörde till det folk som skulle få möjlighet att självbestämma.

Taiwan. Det är en huvudfråga i taiwanesisk politik om Taiwan ska ses som en del av Kina eller som en stat för sig. Länge kontrollerades landet av Kuomintang (KMT), den nationaliströrelse som efter att ha besegrats i 1940-talets inbördeskrig hade tagit sin tillflykt dit och som ansåg regimen på fastlandet vara illegitim. 1986 grundades det liberala partiet DPP, vilket i motsats till KMT sökte utveckla en taiwanesisk identitet.

DPP, som blev regeringsparti 2016, betraktar Taiwans oberoende som ett faktum och en formell självständighetsförklaring som onödig. Opinionsundersökningar bekräftar att många ser sig som taiwaneser och andra som kineser men att ett tvetydigt status quo är att föredra framför en nationell kris.

Dessa gråzonsfall belyser självbestämmandeprincipens oklara ställning. I några fall har självbestämmande ägt rum men visat sig otillräckligt för allmänt erkännande. I andra fall har stater erkänts fastän de aldrig existerat som enheter med möjlighet till självbestämmande. Det råder tydligtvis oenighet i statssamfundet om huruvida demokratiskt självbestämmande ska anses tillräckligt eller ens nödvändigt för en ny stats tillkomst.

Separatistiska rörelser

I *Wikipedia* kan man hitta en genomgång av «aktiva separatistiska rörelser». En del av dessa verkar för autonomi i stället för oberoende och alla är inte lika aktiva. Efter bortsortering av dem som inte siktar till en oberoende stat samt av dem som inte tycks ha varit aktiva på senare år återstår att döma av denna sammanställning ett hundratal regioner med aktiv separatism.

Regionerna är spridda över världen. De befolkningsmässigt största är Sao Paulo i Brasilien, Sindhudesh i Pakistan, Kalifornien i USA och Padanien i Italien, alla med mer än 30 miljoner invånare. De befolkningsmässigt minsta förefaller vara Norfolk Island i Australien, Rotuma i Fiji samt Murravarri i Australien, alla med färre än 4000 invånare. Några självständighetsrörelser har en historia på minst ett halvsekel (till exempel Sydmoluckerna), andra är relativt nyetablerade (till exempel Kalifornien).

Deras politiska betydelse varierar i hög grad. Det finns åtskilliga exempel på att separatister förklarat sitt område självständigt utan att ha fått internationellt erkännande (Östturkestan 1932 och 1944, Biafra 1967, Somaliland 1991, Tjetjenien 1991, Anjouan 1997, Murrawarri 2013, Bangsamoro 1974, 2012 och 2013, Longone 2015, Ambazonien 2006 och 2017). Några har upprättat exilregeringar (Cabinda, Lunda-Tchokwé, Sydmoluckerna, Tjetjenien). På många håll har separatister kunnat verka med fredliga medel genom demonstrationer, strejker, kandidater i val eller liknande, men flera har använt eller har slagits ner med våld (till exempel Assam i Indien, Biafra i Nigeria, Baluchistan i Pakistan, Darfur i Sudan, Kachin i Burma, Ogaden i Etiopien).

Separatismen har brukat motiveras med hänvisning till historia, etnicitet, språk eller religion, alltså argument som nationalister har använt åtminstone sedan 1800-talet. Ofta har tillagts att den egna regionen blivit missgynnad eller att dess anspråk på autonomi har förkastats.

Att bedöma det folkliga stödet för separatistiska strävanden är svårt, men ibland har folkomröstningar hållits och i demokratier kan man få vägledning av opinionsundersökningar eller valresultat. Vanligt är att, där saken kan bedömas, självständighetssträvandena har stöd av mindre än en fjärdedel av dem det gäller. I några fall tycks å andra sidan stödet för självständighet vara betydande (Grönland 67 procent för oberoendepartier i valet 2014, Transnistrien 98 procent i folkomröstning 2006, Nevis 67 procent i folkomröstning 1998, irakiska Kurdistan 93 procent i folkomröstning 2017). Inte så ovanligt är att det vägt relativt jämnt mellan anhängare av och motståndare till självständighet (Padanien, Québec, Katalonien, Kashmir, Flandern, Skottland, Baskien, Sardinien, Sydtyrolen, Färöarna). Den när detta skrivs senaste folkomröstningen om självständighet hölls i november 2019, varvid 98 procent röstade för att regionen Bougainville skulle bryta sig ut ur Papua Nya Guinea.[10]

Det man kan vara säker på är att statssystemet inte är färdigkonstruerat.

Målmedvetna separatister, utmanade regeringar, ambivalenta tredje parter

När jag nu ska resonera om hur det är lämpligt att framöver tolka principen om folkens rätt till självbestämmande är utgångspunkten att denna princip förblir giltig. Detta är inte självklart. Man kan hävda att separatism hotar den mellanstatliga ordning som är en förutsättning för fred och säkerhet och som vi bör slå vakt om. Man kan också hävda motsatsen – att separatism befäster den idé om vikten av nationell suveränitet som i stället bör bekämpas. Jag ska emellertid hålla fast vid principen om folkens rätt till självbestämmande, grundad som den är i föreställningen om mänskliga rättigheter.

Vad bör denna princip framöver anses innebära för separatister, utmanade regeringar och tredje parter? Jag ska resonera mig fram med hjälp av några historiska fall, valda för att täcka skalan från mångårigt krig till fredligt avgörande.

Algeriet. Den 1 november 1954 genomförde Front de Libération Nationale (FLN) samordnade angrepp mot polisstationer, baracker och fabriker i Algeriet. Sedan mer än 80 år var Algeriet en integrerad del av Frankrike. Dess tre departement hade samma ställning som andra franska departement och samma representation i nationalförsamlingen. Den franska regeringen såg följaktligen upproret som illegitimt våld att slå ner. «Man kompromissar inte när det är fråga om försvaret av nationens inre fred och republikens enhet och integritet», förklarade premiärminister Mendès-France,[11] liksom andra regeringar tidigare gjort och senare skulle komma att göra ställda inför separatistiska uppror.

FLN:s aktion var inte uttryck för det algeriska folkets självbestämmande – inte om självbestämmande tolkas som demokratisk princip. Under de åtta år som kriget kom att pågå var det svårt att uttala sig om hur algerierna skulle ha röstat om de fått chansen. Det kunde inte uteslutas att många skulle ha föredragit fortsatt medborgarskap i Frankrike framför medborgarskap i en FLN-stat. Att den franska regeringen mötte våld med våld får anses ha varit förenligt med principen om folkens rätt till självbestämmande sedd som demokratisk princip.

Detta uteslöt givetvis inte att våldet kunde kritiseras på annan grund. Vi är här vid distinktionen mellan *jus ad bellum* och *jus in bello*, det vill säga mellan rätten till krig och rätten i krig.[12] En regering har rimligtvis rätt — nej, skyldighet — att upprätthålla lag och ordning, men inte att göra det med vilka medel som helst. Det fanns frågor att ställa om regeringens och även FNL-sidans metoder under de åtta årens krig i Algeriet.

Canfederated States. Det algeriska upproret kan jämföras med ett annat, vid vilket separatisterna liksom i Algeriet startade en militär kraftmätning men i motsats till FNL gjorde detta med viss demokratisk legitimitet. Vid en kongress 1861 i Montgomery, Alabama, antog delegater utsedda genom val i sju sydstater en författning för det de kallade Confederate States of America. USA:s president Abraham Lincoln hävdade att ensidigt utträde ur unionen vore illegalt men att försvar av unionen inte behövde innebära blodsutgjutelse och våld. Lincoln, som utförligt argumenterade mot separation — dess «centrala idé är anarkins essens» — resonerade om hur den huvudsakliga stridsfrågan, slaveriet, skulle kunna hanteras och vädjade till konfederationens ledare om tålamod.[13] När inbördeskriget ändå inleddes var det med att konfederala styrkor angrep Fort Sunter utanför Charleston.

I detta läge resonerade den federala regeringen som den franska skulle komma att göra 1954: väpnat uppror måste statsmakten slå ner med den styrka den kan uppbåda. Om vi emellertid antar att konfederationens tillkomst var uttryck för ett folks självbestämmande är frågan om det verkligen var försvarligt av USA:s regering att trappa upp incidenten i Fort Sunter till ett flerårigt krig.

Mitt svar är ja. Detta innebär att jag avvisar att låta principen om självbestämmande rättfärdiga väpnat uppror. Denna princip hindrar inte regeringen att slå ner ett uppror med våld, i fråga om konfederationen lika litet som i Algeriet. Den legitimerar en politisk väg till målet men inte en våldslig, med min tolkning. Den kan tolkas som en rätt till förhandling, det vill säga som en skyldighet för regeringssidan att möta separatism med politiska medel, vilket Lincoln åtminstone antydde 1861. Såvida inte våldet har utlösts av separatisterna, som i Charleston och Alger.

Katalonien. Ett inte olikt fall är den spanska regeringens hållning till Kataloniens självständighetsförklaring 2017. Den katalanska krisen har brukat föras tillbaka till 2005, när Kataloniens parlament antog en förordning som skulle stärka provinsens autonomi, en förordning som godtogs av den spanska deputeradekammaren. Oppositionspartiet i Madrid, Partido Popular, vände sig emellertid till den spanska författningsdomstolen, vilken underkände delar av det nya regelverket som oförenliga med Spaniens konstitution. Detta stärkte opinionen för suveränitet i Katalonien och 2017 beslutade det katalanska parlamentet att en folkomröstning om suveränitet skulle hållas. Efter hänvändelse från regeringen i Madrid, vilken numera utgjordes av Partido Popular, förklarade författningsdomstolen folkomröstningen vara olaglig.

Regeringen ingrep följaktligen mot förberedelserna för folkomröstningen. Polis konfiskerade valmaterial, inledde brottsundersökningar av borgmästare, genomförde husundersökning av regeringsbyggnaden i Barcelona, arresterade katalanska ämbetsmän och störde vallokaler på omröstningsdagen. Valdeltagandet blev därför endast 43 procent, men av dem som deltog röstade 92 procent för självständighet och det katalanska parlamentet beslutade anta en självständighetsförklaring. Som motåtgärd ersatte regeringen i Madrid Kataloniens dittillsvarande självstyre med eget direktstyre. Vid det laget hade separatistiska ledare fängslats anklagade för uppror, och den katalanske premiärministern och andra medlemmar av Kataloniens regering hade flytt till Belgien. Ett av Madrid utlyst nyval i Katalonien ändrade bara marginellt den politiska situationen i regionen.

Det speciella med den spanska regeringens hantering av den katalanska krisen var att rättssystemet användes för att hindra blotta självbestämmandeproceduren. Inte bara självständighetsförklaringen utan redan arrangerandet av en folkomröstning förklarades vara lagstridigt, polisstyrkor sattes in, separatister fängslades. Att kriminaliseringen inte bara av separation utan av separatism undgick att leda till upptrappat våld berodde på att det inte var aktuellt för katalanerna att sätta hårt mot hårt. Det katalanska agerandet kan kritiseras, men inte för att ha missbrukat rätten till självbestämmande. Madrids agerande kan försvaras som uttryck för en regerings skyldighet att hålla ihop sitt land, men det stred mot principen om folkens självbestämmanderätt genom att rikta sig mot själva möjligheten till självbestämmande.

Québec. När den första folkomröstningen om egen suveränitet planerades i Québec med Parti Québécois som drivande kraft var det veterligen få som hävdade att PQ:s separatism var illegal. Omröstningen, som ägde rum 1980, förlorades av separatisterna: med ett valdeltagande på 85 procent röstade 40,4 procent ja och 59,6 procent nej. Vid en andra folkomröstning 1995 blev däremot utgången jämn: med ett deltagande på hela 93,5 procent röstade så många som 49,4 procent ja mot 50,6 procent nej. Knappheten i nej-sidans seger föranledde den federala regeringen att vända sig till Kanadas högsta domstol med frågan huruvida en suveränitetsförklaring av Québec vore förenlig med den kanadensiska författningen samt om den skulle ha folkrättsligt stöd. Domstolens utlåtande 1998 har ansetts mönsterbildande i litteraturen om separation.[14]

I korthet: En ensidig suveränitetsförklaring skulle vara författningsstridig och sakna folkrättslig legitimitet, men om en folkomröstning i Québec skulle besluta om oberoende skulle det övriga Kanada sakna grund för att hindra

Québecs regering från att driva denna linje. I stället skulle villkoren för ett utträde ur federationen avgöras genom förhandling på grundval av den kanadensiska författningens principer. I en sådan förhandling skulle Québec inte ha rätt att diktera villkoren för de övriga provinserna med hänvisning till sin självbestämmanderätt. Men förhandling i god tro skulle Québec ha rätt till.

Det federala parlamentet i Ottawa och provinsparlamentet i Québec har tolkat högsta domstolens utslag på olika sätt, men kvar står att en tydlig majoritet för självständighet i en kanadensisk provins förväntas leda till en förhandlingslösning. Någon sådan förhandling har inte blivit aktuell, men 2006 beslutade det federala parlamentet medge att invånarna i Québec «utgör en nation inom ett enat Kanada». Denna markering kan ha bidragit till att minska stödet för självständighet sedan 1990-talet.

Skottland. Också i Skottland har det gått fredligt till, fast på ett annat sätt än i Québec. Scottish National Party gick 2011 till val på att hålla en folkomröstning om oberoende och vann majoritet i det skotska parlamentet, liksom Parti Québécois tidigare gjort i Québec. I oktober 2012 ingick de brittiska och skotska regeringarna en överenskommelse om en folkomröstning som skulle vara sådan att den gav «en rättvis prövning av och ett avgörande uttryck för åsikterna hos människor i Skottland och ett resultat som alla kommer att respektera».[15] I folkomröstningen, vilken hölls 2014, blev valdeltagandet 85 procent och nej-rösterna 55 procent. Om ja-sidan vunnit hade nästa steg rimligtvis blivit en förhandling om villkoren mellan Edinburgh och London, ungefär som man i Kanada har tänkt sig att det ska gå till om ännu en omröstning ordnas i Québec och om det denna gång blir majoritet för suveränitet.

Det är Québec och Skottland som visar vägen till en rimlig tolkning av principen om folkens självbestämmanderätt. Det ska stå var och en fritt att verka politiskt för separation, och stödet för en sådan åtgärd ska kunna prövas i en folkomröstning. Om stödet visar sig tillräckligt (man kan diskutera om det ska räcka med enkel majoritet) har företrädare för det separatistiska området rätt till förhandling. Däremot finns ingen rätt till separatism med våld och inte heller till ensidig självständighetsförklaring.

Å ena sidan saknar regeringen i det land det gäller, med detta sätt att se, rätt att med tvångsmedel hindra en demokratisk process som siktar till självbestämmande. Om resultatet skulle bli en tydligt manifesterad vilja till separatism har den skyldighet att respektera detta och att förhandla i god tro med separatisternas företrädare. Å andra sidan finns ingen rätt för en region att, ens efter omsorgsfullt folkligt självbestämmande, lämna moderlandet hur som helst. Liksom regeringen har skyldighet att respektera en separatistisk opinion har separatisterna skyldighet att anpassa sig till vad som är godtagbart för resten av landet. Det är därför separation förutsätter förhandling.

I en sådan förhandling kan man begära av regeringen att gå långt i att ge separatisterna det för dem väsentliga utan fullständig separation, samtidigt som man kan begära av separatisterna att de ska skilja mellan stort och smått och pröva om inte det för dem väsentliga kan nås fullständig separation förutan. I den bästa av världar leder den separatistiska utmaningen till reformer som annars inte skulle ha kommit till stånd och som gör separation onödig. Eller separation visar sig få sådana konkreta konsekvenser för människorna i regionen att det politiska stödet för separationen minskar. Sker inte något av detta får separationen ha sin gång och de kvarvarande problemen får åtgärdas senare, i fortsatt förhandling mellan vad som nu blivit två självständiga stater.

I vad mån vi i omvärlden bör eller behöver ta ställning i statsbildningskonflikter på andra håll kan diskuteras, men i två hänseenden ger principen om folkens självbestämmanderätt vägledning. Dels ger den oss anledning att kritisera rättsliga, polisära och militära ingripanden mot fredlig separatistisk aktivitet i andra länder. Dels anmodar den oss att erkänna stater som tillkommit efter demokratiskt självbestämmande, vad än moderlandets regering hävdar om deras olaglighet. Alternativet är att underkänna denna norm för internationell politik.

Bilaga: Självbestämmande vid tillkomsten av FN:s medlemsstater

I förra delen av detta kapitel behandlas den utsträckning i vilken FN:s medlemsstater tillkommit under respektive folks självbestämmande. De bedömningar som gjorts av tidpunkten för tillkomsten och av förekomsten av självbestämmande redovisas i tabellen nedan.

Tidpunkt för självständigheten. Det kan i många fall diskuteras när en enhet ska anses ha framträtt som självständig komponent i systemet av stater. Länder kan ha vuxit fram gradvis utan entydigt tillkomstår vilket gäller flertalet äldre stater, till exempel Sverige. Självständigheten kan i början vara begränsad som i fråga om Storbritanniens dominions Kanada, Australien, Nya Zeeland och Sydafrika, vilka alla dock hörde till de ursprungliga medlemmarna av Nationernas Förbund. Dateringen av en stats tillkomst är särskilt diskutabel när det gäller områden som först varit självständiga, sedan underkastats andras herravälde och därefter återfått sin självständighet. Jag har låtit dateringen avgöras av hur långvarig och erkänd den ursprungliga självständigheten har varit. Länder som Egypten och Polen anses därför inte tillkomna på 1900-talet utan tidigare i historien, när båda framträdde som stormakter. Av de enheter som efter Tsarrysslands sammanbrott utropade sig som självständiga blev med min tolkning Estland, Lettland och Litauen etablerade som medlemmar av statssamfundet och invaldes i Nationernas Förbund, medan detta misslyckades för Georgien, Azerbajdzjan och Armenien som jag valt att se som tre statsbildningsprojekt vilka inleddes på 1910-talet men lyckades först på 1990-talet.

Förekomst av självbestämmande. Vad som i denna artikel menas med självbestämmande framgår av kapitlet. Det framgår också varför det befunnits irrelevant att ställa denna fråga med avseende på länder som tillkommit före USA:s självständighetsförklaring 1776. Grunderna för mina bedömningar av självbestämmande i demokratisk mening framgår likaså av kapitlet. I flertalet fall har självständigheten antingen genomförts i huvudsakligen demokratiska former eller också inte, vilket i tabellen anges med «ja» respektive «nej». Ett mellanläge redovisas som «delvis» och ett fåtal fall redovisas som oklara.

	tillkomst	*självbestämmande?*
Egypten	9000-talet f.Kr.	ej relevant
Kina	2000-talet f.Kr.	ej relevant
Jemen	1000-talet f.Kr.	ej relevant
Iran (Persien)	700-talet f.Kr.	ej relevant
Japan	600-talet f.Kr.	ej relevant
Etiopien	300-talet	ej relevant
San Marino	301	ej relevant
Frankrike	500-talet	ej relevant
Danmark	700-talet	ej relevant
Ryssland	800-talet	ej relevant
Ungern	1000-talet	ej relevant
Sverige	1000-talet	ej relevant
Portugal	1100-talet	ej relevant
Österrike	1278	ej relevant
Andorra	1278	ej relevant
Polen	1320	ej relevant
Thailand	1381	ej relevant
Spanien	1469	ej relevant
Schweiz	1499	ej relevant
Nederländerna	1581	ej relevant
Bhutan	1600-talet	ej relevant
Oman	1600-talet	ej relevant
Storbritannien	1707	ej relevant
Liechtenstein	1718	ej relevant
Kuwait	1752	ej relevant
Nepal	1768	ej relevant
USA	1776	delvis
Haiti	1804	nej
Paraguay	1813	nej
Argentina	1816	delvis
Chile	1818	nej
Colombia	1819	nej

Mexiko	1821	nej
Peru	1821	nej
Brasilien	1822	delvis
Bolivia	1825	nej
Uruguay	1828	nej
Ecuador	1830	nej
Venezuela	1830	nej
Belgien	1830	delvis
Grekland	1830	nej
Costa Rica	1838	nej
Honduras	1838	nej
Nicaragua	1838	nej
Guatemala	1839	nej
El Salvador	1842	nej
Dominikanska republiken	1844	nej
Liberia	1847	delvis
Italien	1861	delvis
Monaco	1861	nej
Kanada	1867	delvis
Tyskland	1871	nej
Rumänien	1878	nej
Serbien	1878	nej
Luxemburg	1890	nej
Australien	1901	ja
Kuba	1902	nej
Panama	1903	nej
Norge	1905	ja
Nya Zeeland	1907	ja
Bulgarien	1908	nej
Sydafrika	1910	delvis
Mongoliet	1911	nej
Albanien	1913	nej
Finland	1917	ja

Island	1918	ja
Lettland	1918	delvis
Estland	1918	ja
Litauen	1918	ja
Irland	1919	ja
Afghanistan	1919	nej
Turkiet	1923	delvis
Saudiarabien	1932	nej
Irak	1932	nej
Libanon	1943	delvis
Indonesien	1945	nej
Syrien	1946	nej
Jordanien	1946	nej
Filippinerna	1946	delvis
Indien	1947	delvis
Pakistan	1947	delvis
Republiken Korea	1947	ja
Myanmar (Burma)	1948	delvis
Israel	1948	ja
Sri Lanka	1948	ja
Demokratiska Republiken Korea	1948	nej
Libyen	1951	nej
Kambodja	1953	nej
Laos	1953	nej
Marocko	1956	nej
Tunisien	1956	nej
Sudan	1956	ja
Malaysia	1957	delvis
Ghana	1957	ja
Centralafrikanska republiken	1958	ja
Guinea	1958	ja
Kongo-Kinhasa	1960	nej
Benin (Dahomey)	1960	ja

Gabon	1960	ja
Elfenbenskusten	1960	ja
Mauretanien	1960	ja
Niger	1960	ja
Senegal	1960	ja
Togo	1960	ja
Burkina Fasso	1960	ja
Kongo-Brazzaville	1960	ja
Mali	1960	ja
Madagaskar	1960	ja
Tchad	1960	ja
Kamerun	1960	nej
Nigeria	1960	ja
Cypern	1960	nej
Somalia	1960	delvis
Sierra Leone	1961	ja
Tanzania	1961	oklart
Burundi	1962	ja
Rwanda	1961	ja
Algeriet	1962	ja
Uganda	1962	delvis
Jamaica	1962	ja
Trinidad och Tobago	1962	ja
Samoa	1962	ja
Kenya	1963	ja
Malawi	1964	ja
Malta	1964	ja
Zambia	1964	ja
Gambia	1965	ja
Maldiverna	1965	nej
Zimbabwe	1965	oklart
Singapore	1965	nej
Botswana	1966	ja

Guyana	1966	ja
Lesotho	1966	ja
Barbados	1966	ja
Nauru	1968	ja
Ekvatorialguinea	1968	nej
Mauritius	1968	ja
Swaziland	1968	ja
Fiji	1970	delvis
Tonga	1970	nej
Bahrain	1970	delvis
Qatar	1971	nej
Förenade Arabemiraten	1971	nej
Bangladesh	1971	delvis
Bahamas	1973	ja
Guinea Bissau	1973	oklart
Grenada	1974	delvis
Sao Tomé och Principe	1974	nej
Papua Nya Guinea	1975	ja
Comorerna	1975	ja
Vietnam	1975	nej
Surinam	1975	delvis
Angola	1975	nej
Moçambique	1975	nej
Kap Verde	1975	nej
Seychellerna	1976	delvis
Djibouti	1977	ja
Salomonöarna	1978	delvis
Dominica	1978	delvis
Tuvalu	1978	ja
Saint Lucia	1979	ja
Saint Vincent och Grenadinerna	1979	ja
Kiribati	1979	ja
Vanuatu	1980	delvis

Antigua och Barbuda	1981	delvis
Belize	1981	delvis
Saint Kitts och Nevis	1983	delvis
Brunei	1984	nej
Marshallöarna	1986	delvis
Mikronesien	1986	delvis
Namibia	1990	delvis
Armenien	1990	ja
Azerbaijan	1990	ja
Georgien	1991	ja
Uzbekistan	1991	ja
Moldavien	1991	ja
Ukraina	1991	ja
Belarus	1991	nej
Tadjikistan	1991	nej
Turkmenistan	1991	nej
Kazachstan	1991	nej
Kyrgyzstan	1991	oklart
Kroatien	1991	ja
Slovenien	1991	ja
Nordmakedonien	1992	ja
Bosnien och Herzegovina	1992	ja
Tjeckien	1993	delvis
Slovaken	1993	delvis
Eritrea	1993	ja
Palau	1994	ja
Östtimor	2002	ja
Montenegro	2006	ja
Sydsudan	2011	ja

3. FN som politisk aktör: Jerusalem

Den 28 november 1947 beslutade FN:s generalförsamling att Jerusalem med omnejd skulle internationaliseras och styras under FN självt. Den nyss bildade mellanstatliga organisationen framträdde i denna fråga som aktör med egen politisk linje – som embryonal världsregering, inte bara som mötesplats eller medlare. Denna linje realiserades emellertid aldrig. I stället förändrades Jerusalems ställning på annat sätt flera gånger under de följande sju decennierna. Det jag ska diskutera är vad FN under denna långa tid gjorde med sin Jerusalempolicy mot bakgrund av misslyckandet och de förändrade förutsättningarna.

Särskilt ska jag uppehålla mig vid två principer som FN åberopat som grund för sina ställningstaganden till Jerusalem under de sjuttio åren. Den ena kan kallas helighetsprincipen, den andra ogiltighetsprincipen. Den förra har ansetts motivera att FN i denna fråga driver en egen linje, den senare att de förändringar av förutsättningarna som ägt rum inte ska beaktas.

Det kan diskuteras om det är rimligt att se en internationell organisation som aktör jämförbar med en stat – som aktör med en politik vars konsistens över tiden kan undersökas och vars principiella grund det är motiverat att granska. Emellertid är det gängse i såväl politik som journalistik att tala om FN just som aktör, det vill säga som en enhet som driver linjer. Det som kallas «FN» kan vara en internationell tjänsteman eller ett av specialorganen men det är väl så rimligt att betrakta säkerhetsrådet och generalförsamlingen, de båda huvudorganen, som aktörer och inte bara som arenor. Detta är vad jag ska göra.

Varje politisk aktör har problem med att anpassa sin policy till nya omständigheter – en policy som det kan ha varit mödosamt att anta, som kan ha blivit en del av aktörens identitet och vars övergivande kan tolkas som ett medgivande av att man haft fel. I FN förefaller emellertid bundenheten vid tidigare ståndpunkter vara extrem. Det kan se ut som om man inom FN betraktade ett tidigare beslut i en fråga som uttryck för en princip, för att inte säga en folkrättslig norm, vilken när den en gång har formulerats inte kan överges. I en resolution om Jerusalem som antogs 30 november 2017, nästan på dagen sjuttio år efter den första, inledde generalförsamlingen med att bekräfta alla sina tidigare resolutioner samt hänvisa till tio resolutioner som antagits av säkerhetsrådet under loppet av femtio år.[1]

Denna kontinuitet är särskilt slående när det är fråga om en organisation vars sammansättning har förändrats dramatiskt över åren. Vid utgången av 1946, strax innan FN fastställde sin Jerusalempolitik, var antalet medlemsstater 54. Vid utgången av 2017 hade det blivit 193. Av dem som 2017 bekräftade giltigheten av tidigare resolutioner hade alltså färre än en tredjedel varit med när Jerusalempolitiken först formulerats. Även de ursprungliga medlemsstaterna hade bytt regering och i flera fall statsskick under dessa många år. Det är ingen konstig tanke att en organisation som undergår sådana inre förändringar modifierar sin policy, i synnerhet om policyn har misslyckats och objektet för policyn har förändrats. I vad mån en modifiering skett i fråga om Jerusalem kan diskuteras.

Misslyckandet: från 1947 till 2017

Delningsförslaget

I slutet av 1946 meddelade brittiska regeringen att Storbritannien 14 maj 1948 skulle lämna Palestina, vilket styrts som mandat under Nationernas Förbund sedan 1920. Den 28 november 1947 antog FN:s generalförsamling med anledning av detta resolution 181 med en plan för vad som skulle ske sedan britterna gett sig iväg.[2] Planen var en rekommendation eftersom bara säkerhetsrådet givits befogenhet att fatta bindande beslut.

Enligt resolutionen skulle det tidigare mandatområdet uppdelas i en judisk stat, en arabisk stat samt en «särskild internationell regim» för Jerusalem. Den särskilda regimen skulle innefatta inte bara den egentliga staden utan också regionen runtomkring, från Shu'fat i norr till Betlehem i söder och från Ein Karim i väster till Abu Dis i öster. Antalet invånare i den egentliga staden ska 1946 ha varit omkring 164 000, av vilka 99 000 var judar, 34 000 muslimer och 31 000 övriga.[3] I den större region som generalförsamlingen ville internationalisera fanns enligt FN-uppgifter år 1946 205 000 invånare, av vilka 100 000 var judar och 105 000 «araber och övriga».[4] I den egentliga staden fanns alltså en betydande judisk majoritet medan det vägde jämnt i den större regionen.

Denna region skulle enligt generalförsamlingen styras av en guvernör utsedd av FN:s förvaltarskapsråd. En av guvernörens huvuduppgifter – det som ansågs motivera att Jerusalem med omnejd gjordes till ett område med särskild status, ett *corpus separatum* – skulle vara

> ... to protect and to preserve the unique spiritual and religious interests located in the city of the three great monotheistic faiths throughout the world, Christian, Jewish and Moslem; to this end to ensure that order and peace, and especially religious peace, reign in Jerusalem.*

Resolutionen ägnade särskild uppmärksamhet åt de som heliga betraktade platserna och byggnaderna. En polisstyrka skulle rekryteras utanför Palestina med uppgift att skydda dessa. Generalsekreterare Trygve Lies plan för en sådan var FN:s första ansats till internationell fredsstyrka.

Resolutionen antogs med relativt liten majoritet (33 stater rösade för, 13 mot, 10 avstod) och förkastades omedelbart av företrädare för den arabiska befolkningen i Palestina och av regeringarna i kringliggande arabstater, vilka klargjorde sin avsikt att förhindra dess verkställande. I Jerusalem utkämpades strider redan kort efter det att FN-resolutionen antagits och i de följande krigen – först inbördeskriget mellan judar och araber under det brittiska styrets slutskede, sedan det internationella kriget efter fem grannstaters militära intervention – var undsättningen av den judiska befolkningen i Jerusalem en huvudfråga.

Resultatet av striderna blev en annan tredelning av det brittiska mandatområdet än den som generalförsamlingen rekommenderat. Israel etablerades i enlighet med FN-resolutionen men på ett större territorium än enligt denna. Gazaremsan, som skulle ha ingått i den arabiska staten, ockuperades av Egypten. Framför allt: Västbanken, den huvudsakliga delen av vad som skulle ha blivit en arabisk stat, erövrades av transjordanska styrkor, varefter Transjordanien

---

* Jag har misslyckats med att översätta denna nyckelformulering utan att påverka dess nyanser.

ändrade namn till Jordanien. Jerusalem delades mellan Israel och Jordanien, med den religiöst laddade Gamla staden i den jordanska delen.

Denna uppdelning av Palestina bekräftades i de avtal om vapenstillestånd som i början av 1949 ingicks mellan å ena sidan Israel, å andra sidan Egypten, Libanon, Jordanien och Syrien (avtalet med Jordanien ansågs även gälla Irak). Avtalen var tänkta att gälla i avvaktan på fredsfördrag, men dessa dröjde till 1979 (med Egypten) och 1994 (med Jordanien) och då hade läget återigen förändrats i grunden.

Mellan stilleståndsavtal och sexdagarskrig

Generalförsamlingens reaktion på Jerusalems faktiska delning var att hålla fast vid sin egen plan. I december 1948 upprepade församlingen rekommendatioen om Jerusalem med omnejd som *corpus separatum*. Den framhöll att de heliga platserna och religiösa byggnaderna måste skyddas och fritt tillträde till dem säkerställas, en uppmaning som främst måste ha varit riktad till Jordanien som tvingat de judiska invånarna att lämna Gamla staden.[5]

Våren 1949 hölls i Lausanne en FN-konferens om Palestinas framtid under de nya förutsättningarna. Den israeliska utgångspunkten var att den ursprungliga delningsplanen hade fallit medan den arabiska sidan uppges ha hävdat att den delningsplan man bekrigat nu skulle vara utgångspunkten. I fråga om Jerusalem krävde några, men inte alla, arabiska regeringar upprättandet av en internationell regim, medan den israeliska regeringen förespråkade en uppdelning av staden i en judisk och en arabisk del med internationell kontroll av de heliga platserna.[6]

Konferensen i Lausanne ändrade ingenting. I december 1949 förklarade den israeliska regeringen västra Jerusalem vara Israels huvudstad, varefter Jordanien formellt annekterade den erövrade delen av Palestina, inklusive östra Jerusalem som kung Hussein några år senare skulle beteckna som sin «andra huvudstad».[7] FN:s generalförsamling upprepade likväl sin «avsikt», som det uttrycktes, att upprätta en internationell regim i Jerusalem.[8]

Delning av Jerusalem mellan Israel och Jordanien med västra Jerusalem som Israels huvudstad och Gamla staden som del av Jordanien – detta förblev situationen fram till 1967. Inga ytterligare FN-resolutioner om Jerusalems internationalisering antogs under denna period. Säkert började man på sina håll betrakta 1947 års rekommendation som överspelad och stilleståndslinjen mellan Israel och Jordanien som grunden för en internationell gräns. Inte desto mindre var få länder beredda att godta västra Jerusalem som Israels huvudstad och bara ett fåtal ambassader förlades dit.

Detta fram till sexdagarskriget 1967, vilket kom att förändra läget ännu en gång.

Erövringen

Bakgrunden till sexdagarskriget var sovjetiska påståenden om att Israel drog samman styrkor för att invadera det med Egypten allierade Syrien. Påståendena gjorde det nödvändigt för Egyptens president Nasser att återbesätta det sedan 1956 demilitariserade Sinai. Nasser vidtog också två andra laddade åtgärder: dels begärde han att den fredsbevarande FN-styrka som sedan 1956 funnits vid gränsen till Israel skulle dras bort, dels blockerade han Tiransundet för sjöfart till Eilat, allt detta ackompanjerat av dramatisk retorik. Läget skärptes ytterligare när även Jordanien ingick ett försvarsavtal med Egypten.

Israel satte landet på krigsfot, en totalmobilisering av samhället som i längden var ohållbar. Kriget tycktes förestående och utgången tycktes bero på vem som slog till först, en situation av extrem krisinstabilitet. Dag efter dag diskuterade den oeniga israeliska regeringen om man skulle ta initiativet eller ta risken att avvakta. Till sist visade sig Israel vara alltför svagt för att undvika krig, som historikern Tom Segev uttryckt det.[9] På morgonen 5 juni genomförde Israel ett storangrepp på egyptiska flygbaser, följt av en på några dagar slutförd ockupation av Sinaihalvön i söder och en del av Golanhöjderna i norr.

Via FN hade den israeliska regeringen framfört till Jordaniens kung att Israel inte skulle angripa Jordanien så länge Jordanien inte angrep Israel. Det gick emellertid bara några timmar efter krigsutbrottet innan västra Jerusalem besköts av jordanskt artilleri. Redan på eftermiddagen 5 juni diskuterade den israeliska regeringen om Gamla staden skulle intas. Följande dag intogs Hebreiska universitetets övergivna campus på Skopusberget i öster. På morgonen 7 juni fattades beslutet att erövra Gamla staden.[10]

Denna erövring var laddad med religiös, historisk och nationell symbolik. I Israel visade sig bred enighet råda om att östra Jerusalem nu borde bli en del av det egna landet. Knesset beslutade slå ihop västra och östra Jerusalem till en administrativ enhet; endast kommunisterna röstade emot. Den under nästan två decennier stängda passagen mellan östra och västra Jerusalem öppnades, och 29 juni inledde människorna i staden vad tidningen *Haaretz* kallade en «ömsesidig invasion».[11]

Integrationen av västra och östra Jerusalem underkändes omgående av FN. I en resolution 4 juli förklarade generalförsamlingen, med formuleringar som skulle bli återkommande, att «de åtgärder som Israel vidtagit för att förändra [Jerusalems] status» var «ogiltiga», varför Israel uppmanades att «återkalla redan vidtagna åtgärder och fortsättningsvis avstå från att vidta åtgärder som skulle förändra Jerusalems status».[12] Tio dagar senare beklagade generalförsamlingen i starka ordalag att Israel underlåtit att göra vad församlingen begärt.[13]

Det var inte klart exakt vad generalförsamlingen ogiltigförklarade: den administrativa sammanslagningen av östra och västra Jerusalem, det tidigare beslutet att göra västra Jerusalem till landets huvudstad eller det ännu tidigare införlivandet av västra Jerusalem i Israel. Mot denna bakgrund fick säkerhetsrådets resolution 242, antagen 22 november 1967, särskilt intresse.

Enligt denna resolution, som ideligen skulle komma åberopas under följande år, fanns två förutsättningar för en «rättvis och varaktig fred»: dels att israeliska styrkor drogs tillbaka från områden som ockuperats «i den senaste konflikten» (*in the recent conflict*), en nyckelformulering, dels att varje stats suveränitet, territoriella integritet och politiska oberoende samt dess rätt till fred inom «säkra och erkända gränser» erkändes.[14] Det var genom denna resolution som 1949 års stilleståndslinjer blev «1967 års gränser», som de kom att kallas. I fråga om Jerusalemregionen kunde FN:s mål därmed tyckas ha övergått från internationalisering till delning.

Den administrativa återföreningen av Jerusalem 1967 hade drag av annektering och 1980 antog Knesset en lag benämnd «Jerusalem, Israels huvudstad». Enligt dess första paragraf var Jerusalem, «fullständigt och enat», Israels huvudstad. Enligt dess andra var Jerusalem säte för statens centrala institutioner.[15]

Medan Knessets behandling av lagförslaget ännu pågick antog FN:s säkerhetsråd en starkt formulerad resolution, i vilken rådet hänvisade till Jerusalems särskilda status och i synnerhet till behovet av att skydda de heliga platserna, beklagade Israels strävan att förändra den heliga stadens «fysiska karaktär, demografiska sammansättning, institutionella struktur och status», bekräftade att de legislativa och administrativa åtgärder som vidtagits för att ändra Jerusalems karaktär och status saknade rättslig giltighet och måste återkallas samt hotade med ytterligare åtgärder om inte Israel fogade sig i resolutionens krav.[16] Hotet upprepades i en ännu skarpare resolution efter det att Knesset antagit lagförslaget: beslutet fördömdes i de starkaste ordalag, det förklarades strida mot internationell rätt, det var ogiltigt och måste upphävas, de stater som upprättat ambassader i Jerusalem anmodades att dra tillbaka dem från den «heliga staden».[17]

Formuleringar som dessa upprepades i fortsatta FN-uttalanden. År 1982 förklarade generalförsamlingen annektering av «ockuperade palestinska och andra arabiska territorier, inklusive Jerusalem» strida mot internationell rätt. Om detta även avsåg de områden som ockuperats före 1967 framgick inte men resolutionens krav på fullständigt och ovillkorligt tillbakadragande var begränsat till de områden som ockuperats under sexdagarskriget, och såtillvida bekräftades «1967 års gränser». Vad specifikt gällde Jerusalem upprepade generalförsamlingen sin uppfattning att 1980 års lag var ogiltig och betonade att ogiltigheten även gällde det trettio år tidigare fattade beslutet att utse västra Jerusalem till Israels huvudstad.[18]

Ett år senare konstaterade generalförsamlingen, i vad som börjat bli ritual, att Israel slutgiltigt bevisat att det inte var en fredsälskande medlemsstat och att det hade brutit mot FN-stadgan genom att inte verkställa säkerhetsrådets resolutioner. Församlingen beklagade att ett veto hindrat säkerhetsrådet från att besluta om sanktioner men uppmanade alla medlemsstater att bryta förbindelserna med Israel.[19] Under det följande kvartsseklet befästes situationen: å ena sidan ett Israel som såg Jerusalem som sin odelbara huvudstad, å andra sidan ett FN som förkastade inte bara att Israel annekterat östra Jerusalem utan att landet utsett västra Jerusalem till huvudstad.

I de överenskommelser som, utan FN:s medverkan, ingicks mellan parterna under de följande åren hölls Jerusalems ställning öppen. Enligt 1993 års så kallade Osloavtal mellan Israel och vad som i detta dokument kallades det palestinska folkets representanter nämndes Jerusalem som en av de frågor som skulle bli föremål för förhandlingar om en slutuppgörelse.[20] I det fredsfördrag som 1994 ingicks mellan Israel och Jordanien, det land vars regent före 1967 betraktat Jerusalem som sin andra huvudstad, utfäste sig Israel att respektera Jordaniens särskilda roll när det gällde de för Islam heliga platserna samt att ge hög prioritet åt dess roll i framtida förhandlingar om en permanent lösning.[21]

En slutuppgörelse även mellan israeler och palestinier föreföll vara i sikte vid överläggningarna i Camp David år 2000 mellan Israels premiärminister Ehud Barak och den palestinska myndighetens president Yassir Arafat under värdskap av USA:s president Bill Clinton. Oenighet om Jerusalems status tycks ha varit ett av skälen till att försöket misslyckades. Uppgifterna om vad som skedde i Camp David är motstridiga, men klart är att Barak erbjöd palestinsk suveränitet över delar av östra Jerusalem, autonomi under israelisk suveränitet för de muslimska och kristna delarna av Gamla staden samt vad som kallades religiös autonomi för Tempelberget.[22] Arafat förefaller dock ha funnit det omöjligt att acceptera någonting annat än full palestinsk suveränitet över hela östra Jerusalem.[23] Inte heller samtalen 2008 mellan Israels premiärminister Ehud Olmert och den palestinske presidenten Mamoud Abbas ledde någonstans.

Ambassadflytten

Efter misslyckandet i Camp David kom den enda förändringen av Jerusalems status under åren fram till 2017 att bestå av judisk inflyttning öster om den gräns som fram till 1967 delat staden. Ännu i november 2017 upprepade generalförsamlingen i en som vanligt skarpt formulerad resolution sitt fördömande av Israels olika åtgärder i Jerusalem, en resolution som inleddes med en hänvisning till 1947 års rekommendation om att göra Jerusalem med omnejd till *corpus separatum*.[24]

Följande vecka tillkännagavs att USA skulle flytta sin ambassad till Jerusalem. Bakgrunden var *Jerusalem Embassy Act*, vilken kongressen antagit med överväldigande majoritet 1995. Enligt denna skulle Jerusalem förbli odelat, erkännas som Israels huvudstad och bli säte för USA:s ambassad.[25] Lagen gav presidenten möjlighet att uppskjuta verkställandet, något som presidenterna Clinton, Bush och Obama gjort. Men inte president Trump.

I ett TV-sänt tal 6 december 2017 meddelade Trump att han beslutat «erkänna det uppenbara», nämligen att Jerusalem var Israels huvudstad, varför den amerikanska ambassaden skulle flyttas dit. I senare delen av talet hävdade Trump att USA inte i och med detta tagit ställning till någonting i en framtida slutuppgörelse mellan Israel och palestinierna, inte heller till «de specifika gränserna för Israels suveränitet i Jerusalem, eller till hur omstridda gränser skulle dras». Han undvek slående nog att instämma i den israeliska ståndpunkten om Jerusalems odelbarhet.[26] Det var därför oklart vilket Jerusalem Trump erkänt som Israels huvudstad: den västra delen, som ingått i Israel sedan 1948 och till vilken landet nästan sju decennier tidigare förlagt sina politiska institutioner, eller Jerusalem som helhet.

Några kommentatorer såg i frånvaron av referenser till Jerusalems odelbarhet det anmärkningsvärda med talet, men i huvudsak var reaktionerna som om reservationerna i talets senare del inte hade gjorts. FN:s generalförsamling antog 21 december 2017 en resolution i viken den «djupt beklagade» USA:s beslut att erkänna Jerusalem som Israels huvudstad samt upprepade att beslut och handlingar som påstods ändra Jerusalems status saknade giltighet och måste återtas. Generalförsamlingen betonade att Jerusalems status borde avgöras i förhandlingar om en slutlig fredsuppgörelse «i linje med relevanta FN-resolutioner».[27] Liksom tidigare var det oklart om det som FN ansåg vara öppna frågor var östra Jerusalems ställning, vart Israels huvudstad borde förläggas eller om ens västra Jerusalem borde ingå i Israel.

Där är vi idag.

FN som Jerusalempolitiker

I den arabisk-israeliska konflikten har FN haft ambitionen att spela två roller: dels som fredsmäklare, dels som politiker. I den förra rollen har främst säkerhetsrådet ingripit för att få till stånd vapenvilor, påtala brott mot sådana samt uppmana till förhandlingar. I den senare rollen har främst generalförsamlingen drivit en egen uppfattning om vad en slutuppgörelse ska innebära, särskilt i fråga om Jerusalem.

Som fredsmäklare i denna konflikt har FN bakom sig ett mer än sjuttioårigt misslyckande. Vid de tillfällen då framsteg gjorts eller skymtat har de som sökt mäkla fred varit enskilda länder som Norge och USA. Det är en fråga värd att ställa om inte FN:s alla uttalanden om hur en slutuppgörelse ska se ut kan ha minskat organisationens förmåga att medverka till en sådan.

1947 års delningsplan var ett försök att finna en kompromiss mellan svårförenliga principer och motstridiga krav. Försöket misslyckades: från dag ett stod det klart att den arabiska sidan avvisade kompromissen och att grannstaterna avsåg att förhindra dess verkställande. Resultatet blev en annan utveckling än den FN engagerat sig för. Hur har organisationen anpassat sig till detta?

Alltsedan 1940-talet har, som vi sett, fyra idéer om Jerusalem stått mot varandra: (1) internationalisering, (2) delning, (3) införlivande med Israel, (4) införlivande med en palestinsk stat. I FN-planen för det som varit det brittiska mandatet var (1) en huvudsak, men planen förkastades av den arabiska sidan som tog till vapen för att i stället uppnå (4). Resultatet blev (2), alltså delning mellan Israel och Jordanien, med den religiöst laddade Gamla staden i den jordanska delen. Sedan kriget 1967 är Jerusalems ställning i stället (3), det vill säga införlivande med Israel.

FN har, såvitt jag vet, aldrig uttalat sig på ett sätt som kunnat tolkas som stöd för (4) och har entydigt, och gång på gång, förkastat (3). Angående om Jerusalem i stället borde återgå till att vara delat som åren 1948–1967 (2) eller internationaliseras som enligt generalförsamlingens rekommendation av 1947 (1) har FN:s linje varit motsägelsefull.

Det motsägelsefulla sammanhänger med det problematiska i såväl helighetsprincipen som ogiltighetsprincipen.

Helighetsprincipen

«Den heliga staden» har varit FN:s stående beteckning på Jerusalem. Stadens betydelse för tre så kallade världsreligioner har ansetts motivera en ställning som *corpus separatum* och har många gånger åberopats i kritiken av Israel.

Man kan diskutera om helighet i FN:s mening är tillräckligt skäl för att ett område ska undandras varje stats suveränitet (under «holy cities» listar *Wikipedia* mer än 130 platser av vilka många uppges vara heliga för mer än en religion).[28] Det avgörande skulle kunna vara att troende får tillträde till för dem heliga platser och får ansvara för att hålla dem i stånd, och det är inte givet att detta förutsätter internationalisering.

I fråga om tillträde för troende har situationen i Jerusalem varierat över århundradena, ja årtusendena. Så även under tiden efter 1947. Under perioden 1948–1967, när Gamla staden stod under jordansk kontroll, förvägrades judar tillträde till för dem heliga platser. Efter 1967 har muslimers tillträde till Tempelberget åtminstone komplicerats. I Camp David år 2000 blev det dessutom tydligt att den praktiska frågan om tillträde inte var det enda saken gällde utan också den formella frågan om suveränitet. Denna känsliga fråga hör till det som måste lösas i en förhandling om slutuppgörelse. Att FN decennium efter decennium framhäver heligheten gör det knappast enklare att lotsa fram en sådan uppgörelse.

Hänvisningen i november 2017 till den ursprungliga delningsplanen av 1947 tycks innebära att FN:s generalförsamling alltjämt anser att Jerusalems helighet motiverar att staden görs till *corpus separatum*. Arrangemang av den typ som antyds i fredsavtalet mellan Jordanien och Israel eller som diskuterats under överläggningarna i Camp David är i så fall otillfredsställande. Det kan bli svårare att godta en kompromiss, eller lättare att förkasta en sådan, när världsorganisationen gjort klart att den för sin del kräver mer.

Ett ytterligare problem med FN:s tillämpning av helighetsprincipen är att den har ansetts nödvändiggöra internationalisering av en hel storstad och dess omgivningar, inte bara av de kvarter som var Jerusalem på andra templets, Jesus och Muhammeds tid. Man kunde ha nöjt sig med att låta helighetsprincipen motivera en särskild regim i ett område ungefärligen innefattande Gamla staden i stället för i vad som redan 1947 var ett område med omkring 200 000 invånare och som numera nästan är en miljonstad.

Ogiltighetsprincipen

Principen att territoriell utvidgning inte får ske med våld är grunden för att betrakta Israels kontroll över vissa territorier som ogiltig. Som vi sett har det lämnats oklart vilka territorier som avses: de områden som Israel erövrade 1967, inklusive östra Jerusalem, eller även Israels territoriella vinster 1948, inklusive västra Jerusalem?

De skilda hänvisningarna till vad som kommit att kallas 1967 års gränser antyder att det är följderna av 1967 års krig som avses, och därmed bland annat Israels inkorporering av östra Jerusalem. Kritiken av att Israel sedan 1949 betraktat västra Jerusalem som sin huvudstad antyder å andra sidan att redan utvidgningen av Israel i jämförelse med 1947 års delningsplan är ogiltig.

Oavsett detta finns frågor att ställa om tolkningen av ogiltighetsprincipen.

För det första: innebär principen att ett erövrat område ska återlämnas villkorslöst eller att det ska återlämnas efter förhandling om villkoren? Med den förra tolkningen ska Israel ensidigt lämna östra Jerusalem, eller kanske Jerusalem överhuvud, ungefär som skedde med Gazaremsan 2005. Med den senare tolkningen ska Israel förhandla om villkoren för utrymningen med palestinska myndigheten i Ramallah, eller kanske med det FN som 1947 gjorde anspråk på Jerusalemregionen för egen del.

I det senare fallet uppstår, för det andra, frågan vad ogiltighetsprincipen innebär om en förhandling visar sig omöjlig att få till stånd eller att bringa till resultat, ungefär som i Camp David år 2000, eller som när Syrien strax dessförinnan avvisade förslaget att återfå Golanhöjderna i utbyte mot fred. Åren går, tänker vi oss, och ockupationsmakten fortsätter att förvalta området därför att motparten inte vill förhandla eller inte erbjuder ockupanten villkor som denne kan godta. Blir ockupationen till sist giltig så som skett förr i historien, både i Mellanöstern och på andra håll, eller förblir den ogiltig in i evigheten? Är det rimligt av FN att fortsätta att hålla Jerusalems framtid öppen decennium efter decennium, eller blir det till sist möjligt att godta något av det som faktiskt har hänt?

Det finns nog inget svar på denna fråga.

Framtiden

Frågan om Jerusalem illustrerar FN:s begränsning som politisk aktör – svårigheten att lära av erfarenheten och anpassa sig till nya förutsättningar. Som arena för diplomati och begränsare av konflikter är FN mer framgångsrikt än som politiker.

Anta nu att vetogrupperna, de som endast godtar en enstatslösning på egna villkor, till sist försvagas så mycket bland både palestinier och israeler att en resultatinriktad förhandling blir möjlig. Man har brukat betrakta gränserna, flyktingarna och Jerusalem som huvudfrågorna. I fråga om både gränserna och flyktingarna går det att föreställa sig avvägningar i fråga om vilka det kan ske ett givande och tagande. Detta är svårare i fråga om Jerusalem, där religiöst grundade principer står på spel. Hur skulle en uppgörelse om Jerusalem kunna se ut?

Internationalisering av Jerusalem med omnejd, FN:s ursprungliga linje till vilken generalförsamlingen alltjämt refererar, går knappast att föreställa sig. Den skulle avvisas av aldrig så kompromissinriktade israeler, sannolikt också av palestinierna. Inte heller är det realistiskt att föreställa sig att Israel skulle flytta sin huvudstad från Jerusalem, knappast heller att palestinierna skulle ge upp anspråket på att ha sin egen huvudstad där. Det ser ut som om staden återigen måste delas.

Det går nog att lösa de praktiska problemen med en gemensam stadsförvaltning. Det svåra är frågan om suveräniteten över Gamla staden. Kanske denna nöt bara kan knäckas genom inrättande av en särskild regim under internationellt överinseende och med representation inte bara för judar och muslimer utan även för kristna. Ska detta kunna göras kan det vara klokt att hålla FN utanför till följd av organisationens sjuttioåriga bundenhet vid ståndpunkter som det är nödvändigt att överge om det ska gå att komma framåt.

Kanske Jerusalemfrågans öde har något att säga om svårigheten att i internationell politik avgöra politiska frågor med majoritetsbeslut. Den makt FN:s generalförsamling har att sätta bakom sina ord är internationell opinionsbildning. Det framgick från början att den internationalisering av Jerusalemregionen som generalförsamlingens majoritet beslutat om skulle förhindras med våld. De majoriteter som under de följande sju decennierna ställt krav i fråga om Jerusalem har varit lika litet framgångsrika. Av denna erfarenhet att döma väger den internationella opinionen lätt när den ställs mot länders existentiella överväganden.

4. Väljarna och utrikespolitiken: indifferens?

Inte mycket i politiken är lika stabilt som svenska väljares ointresse för utrikesfrågor. Enligt SCB angavs det utrikespolitiska kärnområdet «fred/internationellt/försvar» som viktigt för partivalet av mellan 1 och 6 procent vid valen 1979–2014.[1] Enligt SVT:s väljarundersökning VALU toppades väljarnas lista över de viktigaste frågorna 2018 liksom tidigare av sjukvård samt skola/utbildning. Den enda internationellt betonade fråga bland VALUs tio i topp var «flyktingar/invandring» på plats åtta. Århundradets internationella fråga, klimatförändringen, hade tydligtvis begränsad betydelse för väljarna – «miljö» låg först på trettonde plats i VALU 2018.[2]

Agendan för en valrörelse sätts av partier och medier under intryck av vad som intresserar väljarna. Vad som intresserar väljarna påverkas i sin tur av vad partier och medier uppmärksammar. Varför denna växelverkan leder till att internationella frågor marginaliseras är en fråga värd att ställa. Inriktningen, erfarenheten och omdömet hos dem som gör anspråk på att leda politiken i sådana frågor är trots allt bland det viktigaste som avgörs i valen till riksdagen.

Jag ska pröva tre hypoteser.[3] Vid valet prioriterar väljaren

- det partipolitiskt kontroversiella framför det om vilket det råder samsyn
- det för lekmannen förståeliga framför det som kräver professionell kompetens
- det i tid och rum näraliggande framför det i tid och rum avlägsna.

Hypoteserna är rimliga, nästan truistiska, men ingen av dem är helt övertygande.

Enligt en uppfattning med lång tradition skiljer sig utrikespolitik från inrikespolitik genom att bedrivas i växelverkan med andra länder, ofta med den nationella säkerheten som insats. I ett system av suveräna stater är säkerhetspolitik ofrånkomlig, mellanstatlig förhandling en huvudsaklig metod och trovärdighet en förutsättning för framgång, enligt detta resonemang. I ett sådant läge finns mycket att förlora på inre oenighet. Samsyn grundad på samråd är vad som behövs även om detta leder till att väljarna hålls utanför.

Att det finns en sådan spänning mellan internationell politik och demokrati är en gammal åsikt, eller insikt. En tidig företrädare för denna uppfattning var John Locke: inrikes angelägenheter kan regleras i lag, skrev han 1689, men «vad som ska göras i relation till utlänningar, i fråga om vilket mycket beror på deras handlingar, och på variationerna i planer och intressen, måste till stor del lämnas åt omdömet hos dem som fått i uppdrag att sköta detta efter bästa förmåga till landets nytta». Alexis de Tocqueville oroade sig 1835 över en av den amerikanska demokratins konsekvenser: i fråga om utrikespolitiken vore demokratiska regimer «definitivt underlägsna». Walter Lippmann ansåg sig 1955 kunna konstatera att detta blivit fallet: folkopinionen hade haft «förödande fel» i kritiska lägen och «tvingat [regeringarna] att göra de stora misstag som den allmänna opinionen insisterat på». James Rosenau, ledande forskare om utrikespolitik, hävdade 1965 att den allmänna opinionen vid de «få tillfällen» då den «vaknat upp» gjort den utrikespolitiska processen «instabil och irrationell».[4]

Det som enligt detta resonemang förklarar de internationella frågornas begränsade roll i demokratin är alltså att det ligger i allas intresse att dessa frågor behandlas på ett annat sätt än inrikespolitiska. Strävan efter samsyn och en inte så öppen handläggning, naturliga med de villkor som råder i internationell politik, gör internationella frågor underordnade när väljarna tar ställning till vem som ska styra landet.

Ett nästan perfekt exempel är neutralitetspolitiken under det kalla kriget. I den svenska strategiska kalkylen hängde mycket på trovärdigheten i föresatsen om neutralitet. I både väst och öst måste man vara övertygade om Sveriges vilja och förmåga till neutralitet i ett krig dem emellan, och övertygade om att huvudmotståndaren var övertygad om detta. Trovärdigheten kunde undergrävas av partipolitiska debatter om politikens inriktning. Det som politiserades var ett antal så kallade affärer, från «Hjalmarsonaffären» 1959 till «Bodströmaffären» 1984, inte neutralitetspolitiken som sådan.[5]

En rimlig hypotes, som sagt, men som förklaring till marginaliseringen av internationella frågor räcker den inte. Att en fråga är internationell är ingen garanti mot politisering, och politisering är ingen garanti för väjarintresse.

Om neutralitetspolitiken under det kalla kriget är ett exempel på hur den internationella politikens villkor sätter gränser för partipolitiken är Sveriges förhållande till Nato under tiden därefter ett exempel på motsatsen. Den internationella politikens villkor har inte hindrat partierna från att driva skilda linjer i denna alltjämt grundläggande säkerhetspolitiska fråga. Ändå har frågan knappast mer än skymtat i valrörelserna och har inte förekommit bland dem som genomsnittsväljaren sagt sig fästa vikt vid. Det är som om väljarens intresse är begränsat vare sig det är fråga om något som partierna är ense om (till exempel alliansfriheten under det kalla kriget) eller oense om (till exempel förhållandet till Nato under tiden därefter).[6]

Klimatfrågan har likheter med Nato-frågan: fundamental betydelse, växelverkan med andra länder, öppen oenighet mellan partierna, ändå väljarprioritering av annat.[7] Detta är ännu ett exempel på att internationell växelverkan inte behöver hindra partipolitisering och att partipolitisering inte behöver leda till väljarintresse.

Till detta kommer något fundamentalt: utrikespolitik behöver inte ha som mål att nå resultat i växelverkan med andra länder, som i fråga om säkerheten och klimatet. Den kan också ha det enklare syftet att visa upp sig själv. Agerandet kan vara det viktiga, inte resultatet.

Detta behöver utvecklas. I forskningen om organisationer görs en distinktion mellan två sätt att fatta beslut. Med den amerikanske ekonomen James March och den norske statsvetaren Johan P. Olsen kan vi skilja mellan konsekvenslogik och det man kan kalla identitetslogik (min term, March och Olsen använder en annan). Konsekvenslogik är att bedöma verkningarna av olika handlingsalternativ och sedan väja det alternativ vars konsekvenser är bäst utifrån de preferenser man har. Identitetslogik är att följa de normer eller handlingsregler som ligger i ens identitet. Konsekvenslogik: gör det som har de bästa konsekvenserna. Identitetslogik: handla i enlighet med dina principer. I det förra fallet är aktörens syfte att åstadkomma ett önskat resultat, i det senare fallet att uttrycka sig själv.[8]

Hypotesen om den internationella politikens villkor utgår från att det är konsekvenslogik som gäller. I utrikespolitik finns emellertid utrymme även för identitetslogik. Ofta nog har meningen med svensk utrikespolitik sagts vara att «säga vår mening» och «visa var vi står». Medan det finns argument för att undvika partipolitisering av konsekvenspolitik passar partipolitik bra för identitetspolitik. En utrikespolitisk åtgärd som vidtas för att «marknadsföra» Sverige som «en stark och självständig röst», att ge en bild av Sverige som ett «land som är demokratiskt och öppet och jämställt och som jobbar för solidaritet» samt att markera landet som «humanitär stormakt» (citat från utrikesminister Margot Wallström) behöver inte oppositionspartier känna sig förhindrade att ifrågasätta.[9] Att väljarnas intresse likväl är begränsat kan inte tillskrivas den internationella politikens strukturella villkor.

Professionalismen

Nu till den annorlunda tanken att internationella frågor är svårare för väljarna att förstå än nationella. De senare är vi vana vid och bekanta med men de förra kräver särskild kompetens och är ingenting för amatörer, enligt denna hypotes. Det är därför de är marginella för väljarna.

En anledning till att internationella frågor kräver särskild kompetens är den internationella politikens institutioner, för vilka många väljare är främmande. Det är svårare för dem att urskilja kopplingen mellan det egna partivalet och det politiska resultatet i internationella frågor än det är i inrikesfrågor och därför intresserar de sig mer för de senare än för de förra, enligt hypotesen om professionalitet. I inrikespolitiken väljer vi riksdag, regionfullmäktige, kommunstyrelse – rören är raka – men på internationell nivå handlar det om komplexa organisationer som EU och om snirkliga internationella förhandlingsprocesser med speciella rutiner.

Det mest omdiskuterade exemplet på internationell komplexitet är just EU. Vi vet genom Maria Strömviks utredning *EU på hemmaplan* att kunskaperna om hur EU fungerar är massivt otillräckliga runt om i det svenska samhället.[10] Än mer bysantinskt är det i Sverige hyllade FN med dess skog av underorgan och myller av företrädare med varierande status. Vartill kommer det OECD som producerar de i svensk politik viktiga PISA-rapporterna och det Nato med vilket Sverige samarbetar. Det är onekligen svårt att bilda sig en mening om vad utgången av ett svenskt val kan betyda i dessa skilda sammanhang.

Detsamma gäller klimatfrågan. I centrum för strävandena att bemästra klimathotet står två FN-organ. IPCC (*Intergovernmental Panel on Climate Change*), som funnits sedan 1988, har till uppgift att sammanställa den vetenskapliga kunskapen om klimatförändringen. Dess rapporter, godkända av företrädare för regeringarna, är kvalificerade sammanställningar av resultat från tusentals forskare.[11] Parallellt med IPCC:s arbete möts 196 länder till världskonferenser (*Conferences of the Parties* [to the 1992 Framework Convention on Climate Change], COPs). När detta skrivs har tjugofyra COPs hållits, bland dem COP 21 år 2015, vid vilken den så kallade Parisöverenskommelsen ingicks.[12] Den institutionella strukturen i internationell klimatpolitik, som jag här endast snuddat vid, är väl så svårgenomskådlig som den inom andra internationella politikområden (mer om klimatpolitikens institutioner i kapitel 7).

Hypotesen om professionalism innebär också något annat: att internationella frågor är svårare i sak än de inrikespolitiska och att väljarna även därför tenderar att bortse från dem när de gör sina partival. Alla förstår vad som menas med mindre skolklasser men få kan bilda sig en egen uppfattning i de sakfrågor som behandlas i FN:s säkerhetsråd. Detsamma gäller klimatfrågan: få av oss kan självständigt bedöma klimatmodeller och åtgärdsförslag. Inrikespolitik är för alla, internationell politik är för professionella.

Onekligen är de internationella relationerna mer professionaliserade än inrikespolitiken. Utrikesförvaltningen representerar en massiv professionell kompetens för beredning och implementering av utrikespolitiska beslut. SIDA:s personal har oundgängliga specialkunskaper inom biståndsområdet. Försvarsmaktens professionella utredningsarbete är grundläggande för försvarspolitiken. För att inte tala om alla dem i statsförvaltningen som reser fram och tillbaka till Bryssel. Lekmän saknar denna specialkompetens. Den medborgare som står inför att välja parti har skäl att lämna dessa frågor åsido på grund av kompetensbrist.

Sant, men resonemanget underskattar de nationella institutionernas komplexitet och överskattar utrikespolitikens svårighetsgrad.

Rören är inte alltid så raka heller i det svenska systemet, inte ens om man tänker bort den utsträckning i vilken EU är integrerat i svensk politik och förvaltning. Ett citat från Ansvarskommitténs slutbetänkande 2007: «Inom de allra flesta områden har staten och den kommunala sektorn ett delat, eller snarare gemensamt, ansvar», och därför är det i praktiken «omöjligt att överblicka vare sig hur de enskilda styrmedlen i sig verkar eller vilka sammantagna effekter de ger.»[13] Inte ens i fråga om vården och skolan, väljarnas högst prioriterade områden, är förhållandet entydigt mellan partivalet och de politiska resultaten. Man ska inte överdriva skillnaden mellan utrikespolitikens institutionella komplexitet och inrikespolitikens raka enkelhet.

Även resonemanget om internationella frågors större svårighetsgrad är en halvsanning. På ett sätt är utrikespolitik enklare än inrikespolitik. Identitetslogik kräver mindre kompetens än konsekvenslogik. Att ta ställning till «marknadsföringen» av Sverige är enklare än att värdera alla de förslag som cirkulerar om skolan och vården. Enkelt är det också att i fråga om klimatet tillämpa försiktighetsprincipen: man behöver inte vara klimatforskare för att komma fram till att så mycket står på spel att det är nödvändigt att göra allt som går även om man inte är säker på någonting.

Avståndet

Återstår hypotesen att flertalet väljare helt enkelt är mer intresserade av dagens brister här hemma än av problem i fjärran trakter eller i en avlägsen framtid. Inrikespolitiken är konkret och omedelbar, den internationella politiken är abstrakt och avlägsen. De som sätter agendan för en valrörelse utgår från att väljarna är sig själva närmast, och de har säkert rätt.

Ändå: år 2019 såg 69 procent av svenskarna klimatförändringen som det främsta internationella hotet mot Sverige.[14] Vartill kommer alla de som är ideellt engagerade: de är verksamma i ideella organisationer, de skänker pengar till Röda Korset eller Läkare utan gränser, de engagerar sig för den ena eller andra sidan i olika konflikter, de pratar med varandra om kriget i Syrien, tystandet av journalister i Turkiet, förtrycket i Saudiarabien, nöden i Bangladesh. Likväl är allt detta engagemang otillräckligt för att göra internationella frågor väsentliga i valen till riksdagen. Inte heller hypotesen om avlägsenhet tycks invändningsfri.

Sammantaget: genomsnittsväljarna ser till frågor som direkt och omedelbart berör dem själva; internationella frågor förefaller dem kräva kompetens som de inte anser sig ha; det är oväsentligt om partierna är ense eller oense. Det tycks behövas att flyktingar hopas vid Öresundsbron eller på Stockholms Central, att det kommer rapporter om överlastade myndigheter och välfärdssystem samt att det nationella flyktingmottagandet partipolitiseras för att detta ska bli en huvudfråga för väljarna. Eljest gäller tydligtvis den gamla tesen att demokratin fungerar på ett sämre sätt, eller på ett särskilt sätt, i internationella frågor.

Ändå är de tre hypoteserna tillräckligt diskutabla för att man ska ha anledning ifrågasätta om de ens tillsammans ger en tillräcklig förklaring till marginaliseringen av internationella frågor i valrörelser och val. Kanske handlar det också om vad man kan kalla den partipolitiska kulturen. Det är en del av svensk politisk kultur att valrörelser utkämpas längs en höger-vänsterskala – mellan de rödgröna och alliansen, som det hette fram till 2019 – och många internationella frågor har passat dåligt in i detta schema och kan därför ha haft svårt att göra sig gällande.

Detta för över till undantaget: valen till Europaparlamentet. När svenska väljare tillfrågas om vad som har påverkat dem mest i Europavalen är resultaten annorlunda än vid valen till riksdagen. Vid alla de tre senaste Europavalen (2009, 2014, 2019) toppades listan enligt Svt VALU av «freden i Europa» (58 procent 2019) medan endast enstaka procent brukat anse «fred/internationellt/försvar» vara viktiga i riksdagsvalen. «Miljön» låg vid Europavalet 2019 på tredje plats, att jämföra med trettonde plats vid riksdagsvalet åtta månader tidigare.[15] Vad förklarar denna skillnad mellan svenska val och Europaval?

Det går knappast att hävda att den partipolitiska samsynen i fråga om freden och miljön varit mindre vid Europavalen än vid riksdagsvalen, inte heller att dessa frågor är enklare att förstå på europeisk nivå än på svensk eller mindre avlägsna när det gäller EU än när det gäller riksdagen. Jag kan föreställa mig tre andra förklaringar till skillnaden mellan Europaval och Sverigeval.

Den första är att svenska åtgärder har liten betydelse i de stora frågorna om freden och miljön och att dessa frågor därför är mer relevanta i val till en internationell organisation. EU har större betydelse för freden och säkerheten och är en viktigare aktör i global klimatpolitik än ett enskilt land, tänker kanske väljaren. Inte orimligt, men någon evidens för att genomsnittsväljaren resonerar på detta sätt har jag inte stött på.

En andra förklaring är, tänker jag mig, att det råder partipolitisk oenighet om EU och om kompetensfördelningen mellan EU och medlemsstaterna. Vad som görs i freds- och klimatfrågorna har betydelse för själva EU, tänker kanske väljaren, och därför är frågor som dessa mer relevanta vid EU-valen än vid riksdagsvalen. Återigen: inte orimligt men evidens saknas.

Återstår den enklaste tanken: i Europavalen är just ingenting viktigt för genomsnittsväljaren. Förståeligt är att vid valen till riksdagen sätta de uppenbara och omedelbara problemen med vården, skolan, migrationen och annat före hot mot freden eller miljön i en obestämd framtid. I EU-valen är ingenting omedelbart, konkurrensen om uppmärksamheten är mindre och freden och miljön får sin chans.

Ett problem?

Är den utrikespolitiska indifferensen vid riksdagsvalen ett problem? Man kan resonera på olika sätt.

Det avgörande, kan man hävda, är inte att den demokratiska proceduren följs utan att politiken har majoritetens stöd. I de internationella frågorna är grunden ett nationellt intresse eller en nationell värdegemenskap, inte kontroversiella ideologier eller motsatta särintressen. För att bedöma hur de gemensamma värderingarna ska tillämpas och det gemensamma intresset bevakas krävs slutna rådslag och professionell kompetens, något som är den bästa garanti som står att få för att politiken ska bli uttryck för vad majoriteten önskar. Det finns enligt detta resonemang en motsättning mellan demokratins och den internationella politikens krav, men konsekvenserna mildras genom samråd och professionalitet.

Det problematiska är att ungefär detsamma kan sägas om politiken på vilket område som helst utan att någon dragit slutsatsen att valrörelserna bör befrias från oenighet. Det finns en samsyn om vad som ska krävas av vården och skolan; på båda områdena är det svårt att utan professionell kompetens resonera förnuftigt om vilka konkreta åtgärder som är lämpliga; i båda fallen vore det lika möjligt för partierna som det är i utrikes- och försvarspolitiken att resonera sig fram till en gemensam position i samspel med professionella medarbetare. Nu vet vi av erfarenhet att samsynen om målen har begränsningar, att oenigheten om medlen kan visa sig betydande även bland experter och att oenighet kan ha ideologisk grund. Det är därför det är väsentligt med proceduriell demokrati. Men bör inte i så fall samma krav på demokratisk procedur ställas i internationella frågor?

Kvar står att man inte kan tvinga människor att vara intresserade. Att bara en minoritet tar hänsyn till internationella frågor vid riksdagsvalen är, när allt kommer omkring, uttryck för medborgarnas bedömning av vad som är viktigt för dem. Vilket hör till det som demokratiska val ska registrera.

5. Muslimer, mångkultur, proportioner

Enligt ett index som utvecklats vid Queen's University i Kanada var Sverige år 2010 ett av världens mest mångkulturalistiska länder. Listan toppades av Australien och Kanada. Därefter kom Belgien, sedan Sverige.[1] Enligt regeringsformen var det en av det svenska statsskickets grunder att «etniska, språkliga och religiösa minoriteters möjligheter att behålla och utveckla ett eget kultur- och samfundsliv» skulle främjas (RF 1:2).[2] Sverigedemokraternas uppfattning att invandrare måste «anpassas till det svenska samhället» och att svensk «anpassning till andra kulturer» måste stoppas tycktes delad av få.[3]

När pendeln svängde hade jag svårt att hänga med. Jag upptäckte att andra, de med inflytande, ansåg händelser och förhållanden vara förkastliga som jag tyckte var småsaker. Vad som hänt insåg jag när jag våren 2016, under Miljöpartiets kris med den icke handhälsande MP-politikern Yasri Khan, sade något om proportioner till en framträdande moderatpolitiker som jag råkat träffa, varvid denne spände ögonen i mig och förklarade, kategoriskt och strängt, att «om man kommer hit ska man bete sig som vi gör här». Upptäckten att min benägenhet att överse med avvikande kulturmönster – att tolerera det jag ogillade – blivit passé, för att inte säga osvensk, fick mig att tänka igenom mitt förhållande till mångkultur.

Handhälsning, badhus, gymnastiklektioner, klädsel

Det finns anledning påminna om tonläget i de debatter som vid denna tid började föras om invandrares vanor. Vi kan utgå från Stockholms tingsrätt, som 8 februari 2010 dömde i ett mål om vägran att handhälsa. En 28-årig muslimsk man hade av Arbetsförmedlingen (AF) hänvisats till en arbetsmarknadsutbildning, i vilken ingick praktik. För att arrangera praktiktjänstgöringen hade utbildningsanordnaren avtalat ett möte med företaget Melament AB. Vid mötet hade 28-åringen avböjt att ta Melaments vd Jeanette Löding i hand och i stället hälsat med handen mot bröstet. Melament sade därför nej till att ge honom praktikplatsen, varefter AF återkallade anvisningen till utbildningsprogrammet med hänvisning till att 28-åringen omöjliggjort praktiktjänstgöringen. Därigenom berövades han även sin aktivitetsersättning.

Diskrimineringsombudsmannen (DO) hävdade inför tingsrätten att AF utsatt 28-åringen för «direkt diskriminering», detta med hänvisning till att han missgynnats «i samband med sin religion». AF hävdade för sin del att det för att uppnå «jämställdhet och likabehandling mellan könen i arbetslivet» krävdes att bestämmelserna tillämpades på det sätt som skett och att den åtgärd som vidtagits varit «både nödvändig och lämplig». Tingsrätten gav DO rätt i huvudfrågan och tilldömde 28-åringen ett skadestånd.[4] «Det är viktigt att alla ska kunna delta aktivt i arbetslivet», sade DO i en kommentar till domen, «speciellt ... i en tid då det höjs kritiska röster mot personer som har religionen som en aktiv del av sitt liv. Det drabbar i synnerhet muslimer. ... Det är viktigt att ingen är oartig, men man måste kunna hälsa på olika sätt beroende på religion».[5]

DO:s uppfattning avvisades omgående i den kritikstorm som följde på tingsrättens dom. Den huvudsakliga invändningen mot domen var att det varit Melameds vd som blivit diskriminerad och inte 28-åringen. «Jag kände mig kränkt. Han tog alla andra i hand, men inte mig», förklarade Löding.[6] Hon fick medhåll av de många som ansåg att 28-åringen förbrutit sig mot principen att kvinnor ska behandlas på samma sätt som män. «Alla, oavsett trosuppfattning måste inse att män och kvinnor har samma rättigheter och ska behandlas lika, och att kränkande särbehandling av kvinnor aldrig kan accepteras», skrev *Göteborgs-Posten*.[7] «Kärnvärdena gäller alla», hävdade *Sydsvenskan* i en rubrik och fortsatte: «Det offentliga Sverige får inte tumma på principen om alla människors lika värde».[8] «Hur kommer det sig att vi plötsligt har en ordning som säger, att det är den religiösa sedvänjan och inte kvinnans upplevelse av diskriminering som är viktigast?» frågade sig *Sölvesborgs-Tidningen*.[9] «Man får gärna ha en personlig tro, men man måste i handling visa aktning för sina medmänniskor – oavsett deras kön. I Sverige tar vi varandra artigt i hand. Väljer man att inte göra det får man i sanning räkna med att det får konsekvenser», hävdade en skribent i *Svenska Dagbladet*.[10]

Att skillnaden mellan hälsningskulturer ansågs motivera offentlig uppståndelse bekräftades när miljöpartisten Yasri Khan, som skulle intervjuas i TV4, hälsade på andra närvarande genom att skaka hand men på den kvinnliga reportern genom att lägga handen på bröstet. Av detta blev en politisk kris som tvingade Khan att avsäga sig sina uppdrag i partiet. I riksdagen deklarerade 20 april 2016 statsminister Löfvén att människors lika värde innebar att kvinnor och män skulle ha samma möjligheter och att man därför skulle hälsa på varandra på samma sätt: «Man tar både kvinnor och män i hand!»[11] I kören av fördömanden tycktes *Dagens Nyheter* ensam om en lugnare ståndpunkt, uttryckt i ledaren «Låt oss hälsa hur vi vill».[12] Ingen nämnde att Khans sätt att hälsa kunde vara uttryck för respekt snarare än underordning.

Vad dessa händelser bekräftade var att inställningen till mångkultur blivit en fråga om hur män ska bete sig mot kvinnor. I några fall som väckte mindre uppseende var det i stället fråga om kvinnor som vägrat handhälsa på män. 2015 vägrade en manlig läkare undersöka en kvinnlig patient därför att denna vägrat hälsa på honom genom att ta honom i hand. Läkaren, som uppgavs ha sagt att «vi bor i Sverige och så gör vi i Sverige när vi ska hälsa på våra patienter», fälldes 2015 för diskriminering i tingsrätten men friades 2016 i hovrätten.[13] Ett annat exempel: när en manlig lärare i början av höstterminen 2016 ville hälsa på den nykomna 20-åriga lärarvikarien Fardous El-sakka genom att ta henne i hand, avböjde El-Sakka och hälsade i stället genom en bugning med handen på hjärtat. Skolas rektor hänvisade då till läroplanen: «Alla på skolan ska verka för allas lika värde», och eftersom El-sakka «gjorde skillnad på män och kvinnor», kunde hon inte vikariera vid skolan. El-sakka anmälde händelsen för DO. «Det är inte bara jag som råkat ut för det här, men många vågar inte anmäla», kommenterade hon.[14] Arbetsdomstolen avslog dock i april 2018 hennes krav på diskrimineringsersättning.[15]

Ytterligare handskakningshändelser har inträffat, bland annat vid gränspolisen i Skåne och vid ett HVB-hem i Helsingborg. Och inte bara i Sverige. I Tyskland väckte det uppmärksamhet när en kvinnlig elev i hijab undvek att ta förbundspresident Gauck i hand under ett skolbesök.[16] I Schweiz avbröts prövningen av medborgarskap för en muslimsk familj med hänvisning till att de båda sönerna vägrat skaka hand med sina kvinnliga lärare – en del av den schweiziska kulturen, enligt justitieministern.[17] I Danmark blev 2019 handskakning ett villkor för medborgarskap.[18] På mer än ett håll i Europa har denna detalj i socialt umgänge tillmätts fundamental betydelse i stället för att ses som något så vardagligt som en störning eller en klumpighet.

Kraftfulla formuleringar har också manats fram av vad man kan kalla badhusfrågan. I ett entusiastiskt reportage om integration i en del av Toronto skildrar *New York Times* det lokala badhuset som en del av framgången. Att vissa tider reserverats för kvinnor har gjort det möjligt för muslimska kvinnor att inte bara bada och lära sig simma utan också att integreras med icke-muslimer, hävdar intervjuade kvinnor.[19] I Sverige har det kunnat låta annorlunda.

Det var kring millennieskiftet som kommunala badhus började reservera vissa tider – kanske några timmar i veckan – för kvinnor (det tidigaste exempel jag funnit är Sannarpsbadet i Halmstad). I andra kommuner avvisades förslag i denna riktning av fritidsnämnden eller annat kommunalt organ. Förslagen kom från olika håll: från enskilda fullmäktigeledamöter, från lokala muslimer, som medborgarförslag. Det förefaller främst ha framförts två argument för sådana arrangemang: dels att kvinnor uppfattat vissa mäns beteende som störande eller stötande, dels att muslimska kvinnor inte kunde använda badhuset om kvinnor och män skulle bada tillsammans.

Här är några exempel på kritik av detta slags åtgärder. Kvinnorättsaktivist: «Hur rimmar det[ta] med en jämställdhetspolitik? ... Vi bör ... sträva efter mer öppenhet och naturlighet mellan könen så att fixeringen vid kvinnor och män som sexualobjekt blir mindre – inte tvärtom.»[20] Skribent i *Helsingborgs Dagblad* om badhuset i Klippan: «Man bör aldrig glömma den kamp som i jämställdhetens namn drivit oss i det svenska samhället fram till en punkt där vi, män och kvinnor, delar de offentliga rummen. ...[B]örjar man tumma på samhället vi skapat, våra värderingar och vår syn på offentliga rum som en plats för både män och kvinnor tillsammans, gör vi små avsteg från en framgång vi kämpat så hårt för att nå.»[21] Sverigedemokrat: «Återkommande är dessa önskemål om ojämställda särlösningar från religiösa grupper som fortsatt vill fasthålla ett förlegat sätt att se på kvinnor, män och individens rättigheter. Således handlar detta inte enbart om några timmar i ett badhus, utan om en mycket mer jämställdhetspolitisk problematik. ... För dessa kvinnor hade det snarare varit bra om samhället istället satte ner foten och slutade att legitimera det patriarkala system som dessa grupper har.»[22] Ordföranden i Liberala Kvinnor: «Att med offentliga medel införa separata tider i badhus med hänvisning till kultur och religion är att ge vika på en viktig jämställdhetsprincip. Det skulle bidra till att vi upprätthåller hederskulturen och att flickor och kvinnor vars liv redan är begränsade skulle inskränkas än mer.»[23]

Det centrala i kritiken av badhusarrangemang för kvinnor är detsamma som i fråga om handhälsning: dels att jämställdhet innebär lika behandling, dels att den som kommer utifrån ska godta hur vi gör här.

År 2016 blev det debatt även om en tredje variation på temat. En muslimsk friskola i Stockholm undervisade flickor och pojkar var för sig i ämnet idrott och hälsa, och med kvinnliga respektive manliga lärare. «Vissa av våra flickor vill kunna ta av sig sjalen och ha shorts och t-shirt på lektionen», sade en av de kvinnliga lärarna. «Det skulle vara svårt om det fanns jämnåriga pojkar eller en manlig lärare där. Att visa sig för det motsatta könet utan täckande klädsel går helt enkelt emot flickornas religion». De separata lektionerna anmäldes till Skolinspektionen med motiveringen att «uppdelningen riskerar att permanenta kvinnors underordning». Skolinspektionen konstaterade emellertid att ingenting tydde på att undervisningen i idrott och hälsa inte skulle vara «likvärdig för de olika könen».[24] Alltså: olikhet i behandling behövde inte innebära olikhet i värde.

Bedömningen kritiserades kraftfullt på politiskt håll. Utbildningsminister Gustav Fridolin (MP) ansåg Skolinspektionens ställningstagande vara förvånande. Skolan har ansvar att «jobba mot förlegade könsnormer», sade han. «Alla skolor har ansvar att bygga trygghet mellan tjejer och killar, då kan man inte separera eleverna i ett helt ämne från förskoleklass till nionde klass, det är inte ett fungerande sätt att arbeta.»[25] Ett halvår senare meddelade Fridolin att regeringen uppdragit åt Skolverket att utreda hur ett förbud mot könsuppdelade klasser skulle kunna skrivas in i läroplanen. «Alla skolor i Sverige ska jobba aktivt med jämställdhet» och ge pojkar och flickor respekt för varandra, sade han, ett jobb som man inte skulle kunna undvika genom att «helt enkelt skilja pojkar och flickor åt i undervisningen».[26]

I januari 2017 avgjorde Europadomstolen för mänskliga rättigheter ett ärende som gällde både bad och skolgymnastik. Två muslimska föräldrar i Basel hade vägrat låta sina döttrar delta i skolans simlektioner som var gemensamma för flickor och pojkar. Sedan kantonen bötfällt föräldrarna hade dessa vänt sig till Europadomstolen, men denna hänvisade till att skolan spelade en «särskild roll i den sociala integrationsprocessen» varför företräde måste ges åt barnens «integration enligt lokala seder och bruk». Det var inte bara fråga om att lära sig simma utan om att delta i denna aktivitet tillsammans med de andra barnen, detta «utan undantag på grund av barnens ursprung eller deras föräldrars religiösa eller filosofiska övertygelser». Det var därför riktigt att prioritera barnens skyldighet att följa undervisningen och deras framgångsrika integration framför föräldrarnas «privata intresse i att deras döttrar skulle befrias från gemensamma simlektioner på religiös grund».[27]

Även kvinnors klädsel blev en politisk fråga vid denna tid. På omslaget till läroboken I*slam: en religionsvetenskaplig introduktion*, utgiven av Liber 2015, poserar en kvinna i röd och gul burkini som badvakt på en västerländsk plage, vilket enligt boken är ett exempel på anpassning av muslimsk klädkod till europeiskt liv.[28] Anpassningen lyckades inte så bra: 2016 förbjöds burkinin på allmänna badplatser runt om i franska kommuner med hänvisning till fransk sekularism och moral samt till islamsk terrorism. Det tyska partiet Alternative für Deutschland tydliggjorde 2017 vad det handlade om på valaffischer med miniklädda badtjejer, föredömet, samt texten *«Burkas?» Wir steh'n auf Bikinis.*[29] I Sverige beslutade Moderaternas stämma 2019 att kräva en utredning av förbud mot slöjor i för- och grundskola – «ingenting annat än kvinnoförtryck», enligt en talare.[30]

Det som illustreras i alla dessa exempel är hur krav på anpassning till majoritetskulturen har tagit över tolerans av avvikande sedvanor. Exemplen är olikartade. Handhälsning och klädsel är sociala konventioner. Badhusfrågan gäller positiv särbehandling av kvinnor. Frågan om könsseparerad undervisning gäller däremot, liksom annat som har med skolan att göra, kärnan i mångkulturalitetens problematik. Mer om detta senare.

Muslimskt eller orientaliskt mot europeiskt och svenskt

Kulturskillnaden

Med kultur menas «värden som [en grupps] medlemmar omhuldar, normer som de följer och materiella ting som de skapar» (sociologen Anthony Giddens)[31] eller «normer och ideal, men också praktiska recept, förväntningar, ursäkter, fantasier, fördomar, myter, skämt, minnen från det förgångna; sätt att gå, sätt att stå, sätt att se, sätt att höra, sätt att tala» (socialantropologen Ulf Hannerz).[32] Närliggande begrepp är etnicitet (som betonar ursprunget) och identitet (som framhäver gemenskapskänslan), men mångkultur är vad man brukat kalla det jag vill säga något om.

Alla tre begreppen är kollektiva på det sättet att de hänför sig till en kollektiv gemenskap – till dem som lever i samma kultur, har samma etnicitet, delar samma identitet – och inte till enskilda individer. De avser det dominerande inom en grupp, inte något som gäller varje enskild medlem av gruppen. Överallt finns avvikare, och ju större den individuella variationen är, desto mindre intresse har begrepp som kultur, etnicitet och identitet. Som andra ska jag emellertid förutsätta att det finns något att diskutera som inte kan reduceras till relationer mellan autonoma individer när jag nu går till att jämföra det muslimska med det europeiska och svenska.

Enligt en uppskattning av PEW Research Center levde år 2016 omkring 26 miljoner muslimer i Europa, vilket motsvarade 4,9 procent av befolkningen. I tabell 5.1 anges de västeuropeiska länder i vilka muslimernas andel av befolkningen översteg 5 procent.[33] Sverige låg på delad fjärde plats i fråga om antal (ca 800 000) och på andra plats i fråga om befolkningsandel (8,1 procent). Det är särskilt i de tio länderna i tabellen som kulturskillnaden mellan muslimskt och europeiskt aktualiseras.

Tabell 5.1. Muslimer i västeuropeiska länder 2016

	andel av befolkningen (%)	*antal (miljoner)*
Frankrike	8,8	5,7
Sverige	8,1	0,8
Belgien	7,8	0,8
Nederländerna	7,1	1,2
Österrike	6,9	0,6
Storbritannien	6,3	4,1
Tyskland	6,1	5,0
Schweiz	6,1	0,5
Norge	5,7	0,3
Danmark	5,4	0,3

Källa: PEW

För att få en översiktsbild över skillnaden kan man gå till *World Values Survey,* som i mer än tre decennier samlat data om ett stort antal attityder i många länder. Välkänd är Ronald Ingleharts och Christian Welzels «kulturella karta», i vilken mångfalden data reducerats till ett tvådimensionellt diagram där de undersökta ländernas befolkningar placerats in. Den ena dimensionen har Inglehart och Welzel döpt till *survival vs. self-expression values* och den andra till *traditional vs. secular-rational values.* Olika årgångar av kartan finns elegant presenterade på WVS' hemsida.[34] 2015 års återges i figur 5.1.

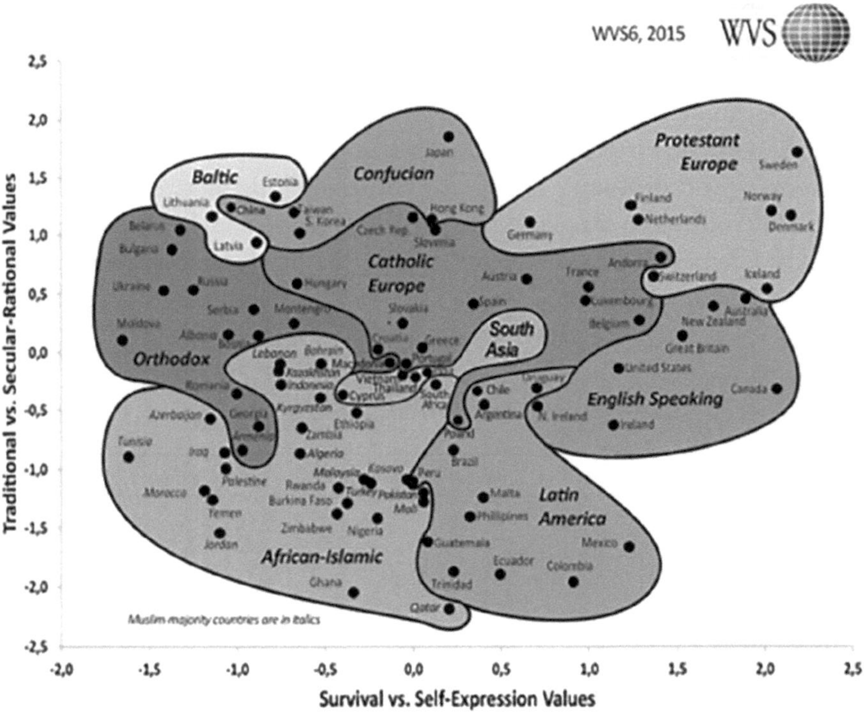

Figur 5.1. WVS' «kulturella karta» (worldvauessurvey.org).

Som många gånger påpekats i svensk debatt återfinns svenskarna längst upp till höger i diagrammet. De utgör det extrema exemplet på kombinationen av *self-expression values* och *secular-rational values.* I diagrammets nedre vänstra del finns de länder som representerar motsatsen till Sverige i båda hänseendena. Dessa länder är till stor del muslimskt dominerade. Att döma av WVS-«kartan» finns ingen större kontrast än den mellan å ena sidan människorna i dessa länder, å andra sidan människorna i Sverige. Nyanlända till Sverige från muslimskt dominerade länder har kommit till en kultur som är mer olik den i deras ursprungsländer än något annat lands.

Innebörden i den «kulturella kartans» båda dimensioner är oklar: dels kan de beteckningar som valts för dimensionerna tolkas på skilda sätt, dels är det är svårt att bedöma vad ett avstånd mellan två värden på axlarna konkret betyder. Bådadera sammanhänger med den metod som använts för att reducera hundratals attityddata från nästan lika många länder till endast två dimensioner. För att få en konkret bild av olikheten har jag gått in i detaljer när det gäller dels de muslimskt dominerade länder som funnits med i WVS (Egypten, Irak, Iran, Jordanien, Marocko), dels Sverige samt de fyra västeuropeiska länder där antalet muslimer är störst (Frankrike, Nederländerna, Storbritannien, Tyskland).

Att här redovisa alla dessa data går inte. Vad man kan konstatera är att Sveriges ställning som europeiskt extremfall bekräftas även om huvuddragen är allmänna i Västeuropa. Jag ska ange några av de tydligaste skillnaderna mellan vad som gäller i Sverige och i muslimskt dominerade länder (eftersom syftet är att ge en bild av nyanländas bakgrund är de siffror som anges från 2008 i stället för aktuellast möjliga).*

Familjen. I Sverige håller färre än hälften med om att ett barn behöver ett hem med både far och mor, och ännu färre anser det vara ett levnadsmål att göra sina föräldrar stolta. I muslimska länder är siffran i båda fallen omkring 90 procent. Att det är viktigt att barn lär sig lyda anser 16 procent i Sverige men 73 procent i Irak. Att det är väsentligt att barnen blir oberoende anser 77 procent i Sverige men 27 procent i Egypten.

Kvinnorna. Att män bör ha företräde framför kvinnor om det är ont om jobb anser två procent i Sverige men mer än 80 procent i Egypten,

* För några länder saknas fullständiga data i WVS för 2015. Detta är orsak till att data från Iran och Egypten förekommer i texten, som avser 2008, samtidigt som dessa länder saknas i figur 5.1, som visar situationen 2015.

Jordanien och Irak. Att män är bättre politiska ledare än kvinnor anser knappast någon i Sverige men många i de muslimska länderna. Detsamma om att universitetsutbildning är viktigare för män än för kvinnor. Att det är självförverkligande (*fulfilling*) att vara hemmafru anser 10 procent i Sverige men 50 procent i Jordanien och 66 procent i Egypten. När det gäller hur väsentligt det är för demokratin att kvinnor har samma rättigheter som män, mätt på en niogradig skala, är det svenska medelvärdet 9,84 medan det i muslimska länder varierar från 7,75 (Egypten) till 6,37 (Irak).

Religionen. Religionen är «mycket viktig» för omkring 10 procent i Sverige men för mer än 90 procent i Egypten, Marocko, Jordanien och Irak. I samma riktning pekar hur många som säger sig «ofta» tänka på livets mening: omkring 30 procent i Sverige, omkring 60 procent i Egypten, Marocko och Jordanien. När det gäller hur väsentligt det är för demokratin att lagen tolkas av religiösa auktoriteter är medelvärdet på en niogradig skala 1,63 i Sverige medan det i muslimska länder varierar mellan 5,31 (Iran) och 8,07 (Egypten).

Gemenskapen. För några av länderna finns data om i vilken utsträckning de tillfrågade ser sig som medlemmar av skilda gemenskaper. 32 procent av svenskarna anser lokalsamhället vara väsentligt, mot 62 procent av egyptierna och 75 procent av jordanierna. 47 procent av svenskarna identifierar sig starkt med sin nation, att jämföra med 71 procent av egyptierna och 84 procent av jordanierna. 40 procent av svenskarna är mycket stolta över sin nationalitet, jämfört med 73 procent av egyptierna och 82 procent av irakierna.

Familjeideal, kvinnosyn, religiositet, gemenskapskänsla – detta är skillnader mellan en individualistisk och en kollektivistisk kultur. Särskilt i Sverige – mer utpräglat än på andra håll i Europa – lever vi som individer, fostrar våra barn till individualister, gör liten skillnad mellan kvinnor och män samt är förhållandevis ointresserade av religiösa och andra gemenskaper. Särskilt i Sverige möter nykomlingen från den muslimska världen en annorlunda syn på familj, kvinnor, religion och gemenskap.

Jag har på vanligt vis talat om muslimska eller mer precist om muslimskt dominerade länder och jämfört kulturen i dessa länder med vad som gäller i Sverige. Detta kan vara vilseledande. Att skillnaden har att göra med islam är inte säkert. Det kan vara fråga om något mer allmänt: mötet mellan orientalisk traditionalism och västerländsk modernitet. Det är slående att jämföra med hur den israeliske politikern Aryeh Machluf Deri skildrar en traditionell marockansk-judisk familjs möte med det av radikala européer uppbyggda Israel när de i början av 1950-talet kommer som flyktingar till Haifa.[35] Här handlar det inte om muslimer som möter sekulära européer utan om judar som möter judar, men mötena liknar varandra.

I Sverige har det gått ett par generationer sedan familjer allmänt ansågs böra vara fullständiga, barns underordning sågs som naturlig, män och kvinnor ansågs ha skilda roller och den statligt auktoriserade religionen praktiserades i skolan. Det är inte konstigt om det blir problem när människor med rötter i orientalisk tradition ska anpassas till vad som numera blivit västerländsk modernism i dess mest extrema form.

Hur svenskar ser på muslimer

Den det tyska socialdemokratiska partiet närstående Friedrich Ebert Stiftung publicerade 2011 en undersökning om intolerans och diskriminering i åtta europeiska länder. Negativa attityder till olika grupper visade sig gå tillsammans: antisemiter, islamofober, rasister, invandringskritiker, sexister och homofober tenderade att vara samma personer. Gruppfientligheten, som forskarna kallade den, varierade mellan länderna men det fanns ett mönster: islamofobi var överallt mer utbredd än andra fobier. Forskarna sade sig ha funnit en «förvånansvärd distans, misstänksamhet och misstro» gentemot muslimer. Det är iögonfallande, skrev de med en tillspetsning, att «européer är i stort sett eniga om att förkasta muslimer och islam».[36]

Några år tidigare, 2006, hade opinionsforskningsinstitutet PEW publicerat en rapport om hur västerlänningar och muslimer betraktade varandra. Ett huvudresultat var att icke-muslimer i Europa och människorna i muslimska länder hade en övervägande negativ syn på varandra medan muslimer i Europa intog en mellanposition. Flertalet icke-muslimer svarade nej på frågan om muslimer respekterar kvinnor, samtidigt som flertalet i de muslimska länderna svarade nej på frågan om västerlänningar gör detta. På frågan om det finns en konflikt mellan att vara from muslim och att leva i ett «modernt samhälle» tenderade västerlänningar att svara ja och människor i muslimska länder att svara nej. De negativa egenskaper som muslimer förknippade med västerlänningar var främst självviskhet och arrogans. De negativa egenskaper som icke-muslimer förknippade med muslimer var främst fanatism och våldsbenägenhet.[37]

Sverige ingick inte i någon av dessa undersökningar. I *Sverige åt svenskarna* redovisar Marie Demker data som ger en motsägelsefull bild av svenskars inställning till mångkultur. Å ena sidan stödde under åren 1998–2010 stabila majoriteter förslaget att Sverige borde «satsa på ett mångkulturellt samhälle med stor tolerans gentemot människor från andra länder med andra religioner och levnadssätt». Å andra sidan ansåg år 2002 så mycket som 81 procent att invandringspolitiken borde gå ut på att hjälpa flyktingar och invandrare att anpassa sig till «svensk kultur och tradition» och bara 28 procent att politiken borde hjälpa dem att bevara sin «nationella kultur och tradition».[38]

Tvehågsenheten bekräftas i 2018 års rapport från forskningsprogrammet Mångfaldsbarometern vid Högskolan i Gävle. Å ena sidan är flertalet positiva till mångfald: I att «samhället bör skapa möjligheter för invandrare att bevara sina kulturella traditioner» instämmer 46 procent, och 56 procent anser det vara bra om «invandrarna ... behåller sitt modersmål och lär sina barn det». Å andra sidan anser 87 procent att människor med utländsk bakgrund har «skyldighet» att «anpassa sig till vårt lands vanor», och 47 procent instämmer i att «vissa av våra värderingar går förlorade» genom kulturell mångfald. Av en rad data i rapporten framgår att tveksamheten till mångfald främst gäller med avseende på muslimer.[39]

Detta bekräftas av en PEW-rapport från 2016 om inställningen till flyktingar i tio europeiska länder, däribland Sverige samt mina jämförelseobjekt Frankrike, Nederländerna, Storbritannien och Tyskland.[40] Vid en jämförelse mellan dessa fem länder visar sig svenskarna vara mest positiva till mångkultur på det sättet att de fäster minst vikt vid födelseort, språk och sedvanor som väsentliga för att människor ska räknas som deras landsmän. Samtidigt hör svenskarna till dem som är mest benägna att se negativt på muslimerna i det egna landet och att tro dessa vara angelägna om att bevara sin särprägel i stället för att anpassa sig. Det som tycks känneteckna svenskarna är tolerans i princip men skepsis mot muslimer i praktiken.

Motsägelsefullheten i svenskars syn på mångkultur och muslimer leder till frågan om man kan bedriva mångkulturalism och assimilationism på en gång, en fråga som jag nu ska övergå till.

Mångkulturalism och assimilationism

Man kan räkna med att det inom varje etnisk eller religiös minoritet finns motsättningar mellan fundamentalister och pragmatiker eller mellan traditionalister och reformister. En berömd satir om minoritetens problem är Franz Kafkas monolog *Ein Bericht für eine Akademie,* i vilken en apa redovisar sin erfarenhet av att ha tvingats lära sig att bete sig som en människa för att återerövra något av den frihet han berövats genom att ha infångats.[41]

Det jag ska diskutera är problemets andra sida: hur man i den etablerade majoriteten ska förhålla sig till nyanlända. Mångkulturalism och assimilationism betecknar motsatta idéer, säg gärna ideologier, om hur man ska förhålla sig till det förhållandet att ens samhälle har blivit mångkulturellt.

Kanada brukar nämnas som det land där mångkulturalism först gjordes till ledande politisk idé. Det var 8 oktober 1979 som premiärminister Pierre Trudeau tillkännagav att hans regering fortsättningsvis skulle bedriva en «kraftfull mångkulturalistisk politik». Avsikten skulle vara att «stödja och uppmuntra de olika kulturer och etniska grupper som ger vårt samhälle struktur och vitalitet». Alla «kanadensiska kulturella grupper» som visat vilja och förmåga att växa och bidra till Kanada skulle stödjas – små och svaga likaväl som stora och välorganiserade. De som tillhörde sådana grupper skulle hjälpas att «övervinna kulturella hinder för fullt deltagande i det kanadensiska samhället» samtidigt som «kreativa möten och utbyten mellan alla kulturella grupper till fördel för den nationella sammanhållningen» skulle främjas. [42]

En utförligare definition av kanadensisk mångkulturalism finns i *Canadian Multiculturalism Act,* antagen år 1985.[43] Dess innebörd kan sammanfattas i fyra punkter:

1. Det är en uppgift för samhället att erkänna existensen inom sig av gemenskaper med olika ursprung och kultur samt att respektera, bevara och understödja dessa gemenskaper.
2. Denna mångfald är en fundamental del av Kanadas identitet och är en nationell resurs.
3. Den kreativitet som uppkommer i växelverkan mellan individer och grupper med olika ursprung ska främjas.
4. Alla människor, oberoende av kulturell bakgrund, ska ha möjlighet att på lika villkor delta i samhället.

En federal minister med ansvar för mångkulturalism har funnits i decennier. Sedan 2015 handläggs sådana ärenden inom *Department of Canadian Heritage*.

Som framgått är mångkulturalism i kanadensisk mening både kollektivistisk och individualistisk: dels utgår denna politik från att samhället består av nationella eller etniska grupper med skilda identiteter, dels tillförsäkrar den de enskilda individerna, inte bara de skilda grupperna, lika rättigheter. Samtidigt är den både splittrande och enande: dels ska de separata kulturerna ges möjlighet att utvecklas, dels är just detta uttryck för den nationella gemenskapen. Jag ska använda termen mångkulturalism för en politisk idé med denna innebörd – en föreställning om både individuell rättighet och kollektiv nytta.

Den motsatta idén, assimilationism, är att minoritetskulturer ska upplösas och uppgå i majoritetskulturen. Även denna idé är både kollektivistisk och individualistisk: assimilation är väsentlig dels för att majoritetens nationella gemenskap ska vidmakthållas, dels för att alla individer ska tillförsäkras samma rättigheter.

Det säger sig självt att det finns mellanlägen mellan mångkulturalism och assimilationism – mellan att aktivt uppmuntra och att aktivt bekämpa mångfald – men i Sverige har mellanläget yttrat sig i inkonsekvens: å ena sidan den principiella mångkulturalism som uttrycks i regeringsformen, å andra sidan den praktik som exemplifieras av handskaknings-, badhus- och lektionsepisoderna. Det finns anledning att uppehålla sig vid både mellanlägen och motsägelsefullheter när vi går till att ställa frågan vad som är ett rimligt förhållningssätt för majoritetssamhället i dess möte med en minoritet med annan kultur.

Tabell 5.2 är en översikt över argument som kan anföras för hur man i majoritetssamhället bör förhålla sig till en kulturell minoritet. Fyra argument talar för assimilationism, tre för mångkulturalism. Fyra utgår från majoritetens intresse, tre från vad majoriteten ser som minoritetens. Två argument gäller majoritetskulturen (försvar respektive utveckling), två minoritetens rättigheter (individuella respektive kollektiva) och tre deras gemensamma samhälle (demokrati, stabilitet, arbetsmarknad).

Tabell 5.2. Argument för assimilationism och mångkulturalism

	majoritetens intresse	*minoritetens intresse*
assimilationism	• kulturellt försvar • demokrati	• arbetsmarknad • individuella rättigheter
mångkulturalism	• kulturell utveckling • social stabilitet	• kollektiva rättigheter

Knappast någon mångkulturalist hävdar något annat än att lag och förordning ska gälla lika för alla; få är så positiva till mångfald att de accepterar separata rättssystem i vissa förorter eller grupper. Knappast någon assimilationist hävdar något annat än att fortsatt religionsfrihet ska gälla; få är så negativa till mångfald att de vill förbjuda avvikande religionsutövning. Det svåra gäller annat: minoriteters rättigheter, majoritetens kultur, det gemensamma samhällets utveckling. Det är dessa ideologiskt laddade frågor jag ska diskutera.

Resonemanget är avsett att vara principiellt men den konkreta frågeställningen är hur vi i Sverige ska förhålla oss till en invandrad befolkning med muslimsk bakgrund. Detta är, som vi sett, ett extremfall när det gäller kulturskillnad.

Minoriteters rättigheter: individuella eller kollektiva?

Att det är vår uppgift att tillförsäkra var och en med muslimsk bakgrund de individuella rättigheter som gäller hos oss i Sverige är en uppfattning som spelat stor roll i svensk debatt. Familjetraditionen, den sociala kontrollen, religiositeten och kvinnosynen innebär begränsningar för individen som inte kan godtas i ett samhälle som vårt, har man hävdat.

«Hedersrelaterat våld och förtryck» är den officiella beteckningen för det som det anses särskilt viktigt att ingen i Sverige ska utsättas för. Föreställningar om oskuld och kyskhet är i fokus, heter det i en regeringsskrivelse år 2007, i vilken hedersförtryckets kollektivistiska karaktär framhålls: «familjens rykte och anseende ses som avhängigt flickors och kvinnors faktiska eller påstådda beteende». Kontrollen över den enskilda kan gälla «vardagliga former av begränsningar i flickors och kvinnors liv som berör exempelvis klädval, socialt umgänge och rörelsefrihet», men den kan också avse «livsval som utbildning, jobb och giftermål och skilsmässa. ... Att gå emot familjens tradition och önskemål från föräldrar och andra släktingar kan för den enskilda flickan eller kvinnan, och även för unga män, vara så kännbart att det i praktiken inte är ett möjligt alternativ.» I sin mest extrema form resulterar hederstänkandet i «våld, inklusive dödligt våld».[44]

Hedersförtryck i denna mening sträcker sig alltså från kriminalitet som våld och äktenskapstvång till alldagliga frågor som klädsel och umgänge. Också i fråga om sådant som inte är kriminaliserat förutsätter resonemanget en motsättning mellan den muslimska traditionens sociala kontroll och den svenska modernitetens tillåtande individualism.

Som grund för uppfattningen att vi bör ingripa för att skydda enskilda muslimers rättigheter brukar man hänvisa till principen om allas lika värde, en formulering baserad på artikel 1 i FN:s deklaration om mänskliga rättigheter. Det kan diskuteras om inte denna fras, gängse från grundlagen till läroplanen för grundskolan, är en felöversättning. I deklarationens originaltext fastslås att *«[a]ll human beings are born free and equal in dignity and rights»*, och *dignity*, det vill säga «värdighet», är något annat än «värde». Sverige tycks vara i stort sett ensamt om att tolka FN-deklarationen som en rätt till «värde» i stället för «värdighet».[45]

Detta har inte bara filosofisk utan också praktisk betydelse. Medan lika «värde» kan tolkas som en rätt till likhet antyder «värdighet» en rätt till respekt trots olikhet. Medan assimilationisten framhäver att individer ska behandlas lika stöder sig mångkulturalisten på en skyldighet vi förutsätts ha att respektera kulturer. Enligt FN-konventionen om medborgerliga och politiska rättigheter ska de som tillhör «etniska, religiösa eller språkliga» minoriteter ha rätt att «i gemenskap med andra medlemmar av sin grupp» ha «sitt eget kulturliv, bekänna sig till och utöva sin egen religion och använda sitt eget språk». En etnisk minoritet har, om man resonerar på detta sätt, en kollektiv rätt att få sin kultur respekterad.

Föreställningen om kollektiva rättigheter är omdiskuterad[46] men går att motivera även från individualistisk utgångspunkt. Enligt vad kanadensaren Will Kymlicka kallar den liberala kulturalistiska positionen är en individs autonomi knuten till hennes kultur, och därmed till denna kulturs blomstring och till den respekt den visas av andra. Att ge minoriteter rättigheter är därför enligt Kymlicka en konsekvens av liberala frihets- och jämlikhetsprinciper.[47] Annorlunda uttryckt: de rättigheter som tillkommer individen kan tillförsäkras henne endast om man tillgodoser de rättigheter som tillkommer hennes kultur.

Om man ser saken så råder en motsättning mellan att se till att varje individ får det likadant som andra och att respektera särdragen i den kultur varifrån individen kommer. Här aktualiseras frågan om en individs rätt att *inte* assimileras. Det finns många vittnesmål om att muslimska kvinnor tycker sig uttrycka sin identitet genom att klä sig enligt sin ursprungskulturs normer och dessutom finner tillfredsställelse i att med sin mer täckande klädsel skydda sig mot mäns blickar.[48] Vi kan kritisera dessa kvinnor för att de medverkar till att befästa en förtryckande kultur, eller vi kan uttrycka respekt för den kultur de betraktar som sin.

Spänningen mellan individuella och kulturella rättigheter är uttryck för tvetydigheten i allas «lika värde», som det kommit att heta på svenska. Assimilationisten tolkar denna princip så att varje enskild individ, man och kvinna, ska behandlas likadant – på arbetsplatsen, i badhuset, överallt. Mångkulturalisten tänker sig att lika värde, egentligen *dignity*, inte är detsamma som likhet utan att kulturella särdrag ska respekteras. För den som hyllar både individuella och kollektiva rättigheter är uppgiften att bistå den som vill bryta sig ut ur sin kultur men samtidigt stödja den som inte vill göra detta.

Om utbrytandets problematik finns många vittnesmål. Ett amerikansk-judiskt exempel är Deborah Feldman, *Unorthodox*, ett svensk-muslimskt är Arkan Assad, *Stjärnlösa nätter*.[49] Den fråga de som tillhör majoriteten i ett mångkulturellt samhälle har att ställa sig är om man bör låta bli att blanda sig i sådana frigörelseförsök eller tvärtom uppmuntra till dem.

På längre sikt, låt oss säga två generationer, är det troligt att de flesta i den en gång nyanlända minoriteten har blivit i huvudsak assimilerade och att deras ursprung har blivit en mindre betydelsefull del av deras identitet. Såtillvida gäller meningsskiljaktigheten mellan assimilationister och mångkulturalister inte så mycket slutmålet som övergångsperioden. Assimilationisten vill skynda på och begär att nykomlingar ska bete sig assimilerat från början, mångkulturalisten vill ta det lugnt och låta nyanlända etablera sig i sin egen takt och på sitt eget sätt. Den assimilationistiska linjen riskerar att förgripa sig på människors rätt till sin ursprungskultur, den mångkulturalistiska riskerar att försvåra deras frigörelse. Uppgiften är att i stort och smått hantera dilemmat mellan individuellt och kollektivt med omdöme och måttfullhet.

Majoritetskulturen: hotad eller berikad?

Globaliserad ekonomi, europeisk integration och internationell migration ledde efter millennieskiftet till en motreaktion i många länder; mer om detta i kapitel 6. I Sverige ökade Sverigedemokraternas styrka och även företrädare för andra partier började tala om det svenska som något vi måste stå upp för. Enligt databasen mediearkivet.se mer än tredubblades förekomsten i storstadspressen av begreppet Sverige och av artiklar om svensk kultur mellan år 2000 och 2016, och förekomsten av begreppet «svenska värderingar» ökade från 4 år 2000 till 433 år 2016.

Det är en föreställning med lång historia att den etablerade kulturen, vår kultur, hotas av det främmande. Tankegången mer än skymtar i senare års debattinlägg om det mångkulturella. Seder och bruk, normer och principer som utvecklats under lång tid och format vår nation undergrävs om samhället medger att vissa grupper lever på ett annat sätt, enligt detta synsätt.

I Michel Houellebecqs roman *Soumission* tar muslimerna makten i Frankrike genom att en muslimsk kandidat vinner ett presidentval sedan alla politiska krafter samlats för att stoppa en högerextrem motkandidat. Konsekvenserna syns snart vid huvudpersonens universitet – lärare som byts ut, studentskor som ändrar klädsel. Detta är de första stegen mot människors underkastelse under en främmande strömning som tagit makten i deras samhälle.[50]

Houellebecqs scenario är extremt men föreställningen att mångkultur hotar majoritetskulturen är allmän. Det är svårt att förstå den svenska upprördheten över handskakningsepisoderna och badhustiderna annat än som uttryck för uppfattningen att om man ger någon ett lillfinger tar han hela handen. Assimilationism är från denna synpunkt en kulturell försvarsstrid.

Vad är det då som står på spel, utöver hälsningskonventioner och badhusrutiner?

Något som inte står på spel, kan vi först konstatera, är lag och rätt. Knappast någon hävdar något annat än att lagar och förordningar ska gälla för nyanlända på samma sätt som för den etablerade befolkningen. Detta gäller även om lagstiftningen förbjuder beteenden som ingått i de nykomnas ursprungskultur – kanske tvångsäktenskap, kanske barnaga. I debatten kan man möta farhågor för sharia-baserade enklaver i det svenska rättssystemet, men så långt som till att godta sådant vill ingen mångkulturalist gå. Det är en premiss för diskussionen att nyanlända i detta hänseende ska assimileras från dag ett.

Annat är svårare. I flera hänseenden kan tillväxten av en nykommen kultur som den muslimska tänkas hota samhällslivet sådant detta har utvecklats i ett land som Sverige: uppluckringen av den traditionella familjen med ansvar för barn och ungdomar, mindre kommitterande och mer skiftande sociala relationer med svagare social kontroll, religionsutövningens marginalisering, den jämställdhet för vilken generationer kvinnor har kämpat. Det som står mot varandra är en individualistisk och en kollektivistisk kultur, och det defensiva argumentet för assimilationism är att individualismen måste försvaras mot en hotande kollektivism.

Frågan är förstås hur stor smittorisken är. Om vi bortser från möjligheten av ett politiskt maktövertagande à la *Soumission* ter sig hotet mot majoritetskulturen trots allt begränsat, i varje fall om denna är så väletablerad som resonemanget förutsätter.

Den smittoeffekt som befaras tycks främst gälla sammanhang där majoritets- och minoritetskulturerna möts: sociala relationer, offentliga miljöer. Om man i sådana fall tillmötesgår nyanländas traditioner i fråga om familjeliv, religiositet, genusrelationer eller annat berörs även de i majoriteten. Det som behöver undersökas är i vad mån majoritetskulturen faktiskt undergrävs av sådana eftergifter eller hänsynstaganden. I detta liksom i andra sammanhang är frågan i vad mån enstaka kompromisser undergräver själva principen.

Detta om kulturell mångfald som risk. I kanadensisk politik ses kulturell mångfald i stället som en möjlighet, en samhällsresurs. De skilda kulturerna ska inte suddas ut utan utvecklas på egna villkor samtidigt som de ska mötas och utveckla varandra. Även svensk kultur skulle kunna ha något att vinna på sådana möten. Det är värt att ställa frågan om inte individualismen, fokuseringen på den egna personen, har gått väl långt i vårt samhälle. Den västerländska individualismens överlägsenhet över orientalisk kollektivism är inte i alla hänseenden uppenbar. Det är möjligt att närvaron i vårt land av kulturmönster som avviker från vad som under de senaste generationerna blivit svensk normalitet kan bredda vår diskussion om oss själva.

Det är ett kort steg till den diskussion som har förts om hur ekonomisk utveckling påverkas av kulturell mångfald.[51] Steget är inte mycket längre till samhällsutvecklingen i stort. Assimilationism riskerar att förslösa en tillgång som kunnat komma samhället tillgodo. Den som tror att rikedom på perspektiv berikar både den enskilda människan och människornas gemensamma meningsutbyte har ett skäl för mångkulturalism. Den som tror att likatänkande gör det lättare för människorna att orientera sig och lättare att föra en konstruktiv diskussion har å andra sidan ett skäl för assimilationism.

Samhället: ekonomin, demokratin, stabiliteten

Jag ska nu kommentera tre med varandra sammanhängande frågor som gäller det mångkulturella samhällets funktion. Först ekonomin, där assimilation måste vara huvudregeln. Sedan demokratin, där det är omstritt hur mycket assimilation som krävs. Slutligen stabiliteten, där avvägningen är särskilt svår.

Ekonomin. Nyanlända ska så snart som möjligt bli med i ekonomin som företagare eller anställda, och detta förutsätter inte bara kunskaper i det nya landets språk utan också anpassning till dess värderingar och konventioner. Att ekonomiskt utanförskap måste bli innanförskap är nog det vanligaste argumentet för assimilation.

Det icke självklara är hur långtgående anpassning till majoritetskulturen som är nödvändig för att nykomna ska kunna försörja sig själva och bidra till det för dem nya landets utveckling. Detta hänger på vilka krav på anpassning till de nykomnas seder och bruk som kan ställas på oss i majoritetssamhället. När den nyanländas vanor uppfattas som obekväma av kunder eller arbetskamrater, på vem ska vi ställa krav? Var det rimligt eller orimligt att, som i ett av de mer omskrivna handskakningsfallen, beröva en ung man hans praktik därför att han avvisat att ta den kvinnliga chefen i hand? Vore det rimligt eller orimligt att vägra en receptarie anställning på ett apotek därför att hon klär sig i hijab? Från assimilationistisk synpunkt är svaret lätt: endast på nykomna ska anpassningskrav ställas. Från mångkulturalistisk synpunkt är uppgiften att göra det möjligt för nykomna att kunna bli med i samhället utan att uppge sin identitet.

Demokratin. I akademisk debatt om mångkultur har konsekvenserna för demokratin varit en stor fråga. Det som hävdats är att demokrati inte går ihop med kulturell mångfald. Man har brukat citera John Stuart Mill, enligt vilken «fria institutioner äro nästan omöjliga i ett land sammansatt av olika nationaliteter», eftersom det där inte kan uppkomma «en [enad] allmän opinion, så nödvändig för en representativ styrelses verksamhet»; opinionerna «äro olika uti olika trakter av landet» eftersom människorna inte «läsa ... samma böcker, samma tidningar, samma broschyrer eller hava samma ämnen för sina samtal».[52] Resonemanget har utvecklats av bland andra den amerikanske historikern Arthur Schlesinger, den brittisk-amerikanske statsvetaren Brian Barry, den indiske ekonomen Amartya Sen, den brittiske överrabbinen Jonathan Sacks och den israeliska filosofen och politikern Yael Tamir.[53] Kärnan är att det som håller ihop demokratin är att det finns ett enda medborgarskap som ger alla samma rättigheter och skyldigheter oberoende av etnicitet och att mångkultur därför undergräver demokratin.

Om man ska diskutera hur befogad denna synpunkt är måste man börja med begreppet demokrati. En minimaldefinition, vedertagen inom statsvetenskapen, är att demokrati står för ett styrelseskick kännetecknat av fria och regelbundna val med allmän och lika rösträtt, yttrande- och organisationsfrihet, möjlighet till ansvarsutkrävande samt rättssäkerhet (det finns många variationer på detta tema).[54] I det politiska språket, emellanåt även inom statsvetenskapen, kan emellertid inte bara politikens former utan också dess innehåll komma att stoppas in i demokratibegreppet. Demokrati «är inte bara ett styrelseskick utan också ett normsystem», hävdar demokratiforskaren Andreas Johansson Heinö och fortsätter: «Värden som tolerans, pluralism, universalism, frihet, jämlikhet och rättvisa är hörnpelare i den moderna berättelsen om demokrati», ja även sekularism och feminism.[55] Med ett sådant demokratibegrepp ställs stora krav på den idémässiga gemenskap som behövs för att demokratin ska fungera.

Om demokrati verkligen kräver att alla ska dela samma värderingar om jämställdhet, religion och annat är drag i muslimsk kultur oförenliga med svensk demokrati. Om demokrati däremot begränsas till att beteckna själva styrelseskicket är saken mindre klar. I Kanada fungerar det demokratiska statsskicket bättre än i de flesta länder trots väletablerad mångkulturalism. Enligt Kymlicka har skilda invandrargrupper brukat godta, ja eftersträva, integration med majoritetens politiska institutioner. Erfarenheterna från Kanada och Australien ger intet stöd för att mångkulturalism skulle undergräva den nationella enheten och stabiliteten, hävdar han; ingenting tyder på att den har undergrävt demokratin.[56]

Alla inser att demokrati kräver en viss grad av gemenskapskänsla och en viss konstitutionell värdegemenskap. Demokrati förutsätter att de som berörs vill ha demokrati, och att de vill ha den tillsammans. Det icke självklara är om vad därutöver människorna måste vara överens. Om vad, utöver styrelseskicket, krävs samsyn i demos för att demokrati ska fungera? Ronald Inglehart hävdar, med stöd av *World Values Survey*, att tillit (*trust*) är väsentlig för stabil demokrati men att gemensam nationell identitet inte är nödvändig för tillit; denna är, hävdar han, en fråga om politisk kultur snarare än om nationell gemenskap.[57]

Det är en obesvarad fråga exakt vilka som är demokratins identitetsmässiga förutsättningar. Vad demokrati kräver är att nyanlända assimileras till det demokratiska systemet – till dess medborgerliga gemenskap, dess värderingsmässiga grund och dess konkreta institutioner. Det oklara är hur stor betydelse det har för demokratin att nykomna assimileras även i andra hänseenden. Den internationaliserade demokratins problem är ett forskningsprojekt, inte något som lämpar sig för tvärsäkerhet.

Stabiliteten. Snabb assimilation hotar stabiliteten i samhället genom att definiera de nyanländas ursprungskultur som undermålig och undergräva den sociala kontrollen i deras miljö. Det är ingen konstig tanke att nedvärdering och normupplösning ger upphov till bitterhet och rotlöshet, ja, gängmentalitet och brottslighet.[58]

En mångkulturalistisk ansats kan ha större möjligheter att reducera invandrandets påfrestningar. Den undviker att peka ut invandrarkulturen som undermålig genom att hylla själva mångfalden. De nykomnas integration kan ta längre tid men bli mer harmonisk. De som invandrar som vuxna kan fortsätta att leva någotsånär som tidigare; deras barn behöver inte förhålla sig till signaler om undermålighet; deras barnbarn kan fritt ta ställning till hur assimilerat de vill leva. Resultatet kan på sikt bli detsamma som med assimilationism, men med mindre konflikt.

Stämmer detta? Är sociala sammanhang verkligen sådana som resonemanget förutsätter? Det kritiska är vad som händer med den första generation som växer upp i det nya landet. Det är främst den som får bära bördan av nykomlingskapet, och frågan är om dess anpassning till det nya samhället underlättas eller försvåras av mångkulturalism respektive assimilationism. Jag undrar om man kan säga något generellt och välgrundat om detta. Det har sedan länge funnits utländska studier som tytt på att andra generationens invandrare – den första som fötts i det nya landet – har högre brottslighet än första generationens, vilket kan tala för mångkulturalism, det vill säga att ta det lugnt.[59] Nyare svenska studier visar motsatsen, vilket kan tala för assimilationism.[60]

Invandring kan hur som helst påverka stabiliteten i samhället på ett annat sätt. Anta att mångkulturalism mildrar påfrestningarna på nyanlända och att detta gynnar den sociala stabiliteten. Mot detta står de reaktioner som mångkultur erfarenhetsmässigt väcker inom majoritetsbefolkningen och som kan utnyttjas politiskt. Det blev på 2010-talet vanligt att tolka det ökade stödet för nationalistiska (ibland kallade högerextrema eller populistiska) rörelser som en reaktion på värderingsförändringar knutna till migration snarare än på globaliseringens ekonomiska konsekvenser; se kapitel 6. Det är möjligt, men inte säkert, att assimilation begränsar sådana konsekvenser av mångkultur.

Alltså: det finns stabilitetsargument, dock av oklar giltighet, för både mångkulturalism och assimilationism.

Skolan: både och

Man ska ta seden dit man kommer. «Om du är i Rom lev som romarna gör; om du är någon annanstans lev som de gör där» (biskop Aurelius Ambrosius, 300-talet). «Passar inte galoscherna är det bara att åka hem» (riksdagsledamoten Vivianne Franzén, 1990-talet).

Detta är assimilationistens credo. De som anser det förnuftigt, eller kanske förpliktande, att respektera avvikande tänkesätt och sedvanor har det svårare. För dem gäller det att balansera mellan den i deras samhälle etablerade kulturen och de hänsyn de anser man ska ta till nykomlingars annorlunda traditioner. Ingenstans är detta balansstycke tydligare, och ingenstans viktigare, än i skolan. Det är skolan som har störst betydelse för framtiden, och det är i skolan som frågan om assimilationism kontra mångkulturalism ställs på sin spets. Inte undra på att läroplanen för grundskolan är motsägelsefull.

Skolan ska ge alla, etablerade som nyanlända, de kunskaper och färdigheter som de kommer att behöva framöver, men den ska göra mer än så: utveckla eleverna som individer och samtidigt bibringa dem de värderingar och föreställningar som håller ihop samhället. Här finns två spänningsförhållanden: dels mellan «svenska värderingar» och värderingarna i de kulturer där en del elever har sitt ursprung, dels mellan barns rätt att forma sin egen identitet och föräldrars rätt att fostra dem utifrån sin. Läroplanen för grundskolan, förskoleklassen och fritidshemmet, senast reviderad 2018, kryssar mellan alternativen.

Å ena sidan räknas en rad värden upp som skolan ska «förmedla och förankra», «främja», «gestalta och förmedla» samt «fostra» till, inklusive «alla människors lika värde» samt «jämställdhet mellan kvinnor och män». Detta ska, «i överensstämmelse med den etik som förvaltas av kristen tradition och västerländsk humanism», ske genom att eleven bibringas rättskänsla, generositet, tolerans och ansvarstagande.

Å andra sidan ställer enligt läroplanen internationaliseringen och migrationen «höga krav på människans förmåga att leva med och inse de värden som ligger i en kulturell mångfald». «Medvetenhet om det egna och delaktighet i det gemensamma kulturarvet ger en trygg identitet», heter det vidare, en identitet som ska utvecklas tillsammans med «förmågan att förstå och leva sig in i andras villkor och värderingar». Skolan, står det vidare i läroplanen, är en «social och kulturell mötesplats» med möjlighet och ansvar för att «stärka denna förmåga hos alla som arbetar där». I det som kallas skolans uppdrag ingår att «utveckla förståelse för den kulturella mångfalden inom landet». I starka ordalag betonas vikten av elevens modersmål, varmed inte endast avses svenska: genom språket «utvecklar människor sin identitet, uttrycker känslor och tankar och förstår hur andra känner och tänker», vilket är «betydelsefullt för att kunna förstå och verka i ett samhälle där kulturer, livsåskådningar, generationer och språk möts».

Vidare: å ena sidan betonas skolans uppgift att «låta varje enskild elev finna sin unika egenart» och «framhålla betydelsen av personliga ställningstaganden», å andra sidan ska detta ske «i samarbete med hemmen» och vara ett stöd för familjerna «i deras ansvar för barnens fostran och utveckling». Å ena sidan ska skolan utveckla den enskilda elevens individuella personlighet, å andra sidan är det till familjen som skolan förlägger ansvaret för elevens fostran och utveckling. Denna motsägelsefullhet är problematisk i varje fall när familjen har andra utgångspunkter än den «kristna tradition» och den «västerländska humanism» som ska vara undervisningens grund.

Motsägelsefullheterna i läroplanen finns det ingen anledning ironisera över. Eftersom rimliga argument finns för både assimilationism och mångkulturalism är det klokt att balansera. Muslimsk fundamentalism är svår att förlika sig med men svensk fundamentalism är inte heller någon god idé. Tolerans, tålamod och sinne för proportioner kan vara bättre än principfasthet.

Tolerans: Somliga har större fördragsamhet än andra med inslag i livet runt omkring dem som de ogillar, från moskéer till klädedräkter. Somliga är inställda på att deras uppfattning om hur man lever ska gälla varifrån människorna än kommer, andra är benägna att leva och låta leva. Det är inte alltid nödvändigt att vara ordningsman.

Tålamod: Man kan utgå från att flertalet nyanlända så småningom kommer att assimileras, även om det kommer att ta en eller två generationer. För de nyanlända innebär detta att deras identitet hotar att suddas ut, för den etablerade majoriteten betyder det att problemet kommer att lösa sig själv. I någon grad är assimilationisten alltför otålig samtidigt som mångkulturalisten endast kan hoppas försena processen.[61]

Proportioner: Det är betydelsefullt att skilja mellan stort och smått. Det stora är att bistå dem som tvingas övervinna motstånd från familj och närsamhälle för att uppgå i majoritetskulturen. Det stora är också skolans hantering av spänningen mellan assimilation och mångkultur. Till det inte så stora hör de irritationer som uppkommer ute i samhället och som kan hanteras med överseende (handskakning) eller kompromiss (badtider). Sinnet för proportioner är avgörande när vi har att utgå från att bärare av den nykomna kulturen kommer att finnas bland oss på obestämd tid. När det handlar om småsaker, de må framstå som symboliskt laddade, är fredlig samexistens att föredra framför konfrontation.

6. Internationalismens kris, och demokratins

Liberal internationalism, som denna åskådning har kommit att kallas, har rötter hos filosofer som Immanuel Kant och Richard Cobden — Kant som i *Zum Ewigen Frieden* lanserade idén om fred genom en federation av republiker, Cobden som energiskt argumenterade för fred genom frihandel.* I detta program för fred och säkerhet är internationell rätt och organisering samt transnationellt utbyte och umgänge de främsta komponenterna. Meningen med programmet är, för att citera en av Cobdens formuleringar, att «föra människor samman, tränga undan motsättningar i ras, tro och språk samt ena oss i den eviga fredens förbund».[1]

Det blev så småningom vedertaget att internationella institutioner och transnationellt utbyte befrämjar inte bara freden utan också ekonomin och kulturlivet. Sedan andra världskriget har den internationella utvecklingen gått i en sådan riktning – de internationella organisationerna har mångfaldigats, de ekonomiska relationerna har globaliserats, de gränsöverskridande kontakterna har aldrig varit intensivare. Ingen hävdar att den eviga freden är här men världspolitiken har rört sig ett stycke i vad internationalister sett som rätt riktning.

Det som på 2010-talet hände i demokratierna var därför uppseendeväckande. Liberala internationalister har inte brukat ha några illusioner om uppgiftens svårighetsgrad men de har inte brukat räkna med att möta en bred folklig reaktion mot det internationalistiska projektet. Storbritanniens utträde ur EU, valet av Donald Trump till USA:s president, framgångarna för nationalistiska partier i många länder – detta är inslag i vad som gott kan kallas internationalismens kris.

Denna kris sammanfaller med en annan. Den politiska utvecklingen i USA och Europa har lett till oro för själva demokratins framtid. *How Democracies*

* Beteckningen «liberal» skiljer detta slags internationalism dels från proletär internationalism i marxistisk mening, dels från internationalism som motsatsen till isolationism i amerikansk utrikespolitik.

Die är den tidstypiska titeln på ett mycket läst arbete.[2] Demokratins kris har brukat sättas i samband med reaktionen mot det internationalistiska projektet.

Vari består denna reaktion, varifrån får den sitt stöd, vilka blir dess följder för den internationella ordningen, innebär den en kris även för demokratin?

Reaktionen

De politiker och politiska rörelser som vänt sig mot politikens och samhällenas internationalisering har kommit att kallas populistiska. År 2016 började man i Sverige och på andra håll tala om en populistisk våg representerad av segern för Brexitanhängarna i den brittiska folkomröstningen och för Donald Trump i det amerikanska presidentvalet.[3]

Vad man menat med populism har emellertid varierat. Ibland har man med populister menat sådana som är ute för att värva röster med enkla svar på komplexa frågor, med en politik som är illa underbyggd eller irrationell, med faktaresistens och pseudovetenskap. Populister är sådana som är «för allt som är bra och mot allt som är dåligt», som «lovar allt till alla och inte har täckning för det», för att citera ett par anföranden i Sveriges riksdag 2016.

I samhällsvetenskaplig litteratur har begreppet använts på ett annat sätt. Cas Mudde definierar populism som en ideologi enligt vilken samhället är uppdelat i två homogena och antagonistiska grupper, det «rena folket» och den «korrupta eliten».[4] Ronald Inglehart och Pippa Norris ser det som utmärkande för det de kallar populistiska partier att dessa i sin retorik sätter vanligt folks klokhet och moral i motsättning till en ohederlig elit av politiker, storföretagare, medier, intellektuella och experter.[5] I *What Is Populism?* definierar Jan-Werner Müller likaså populism som en idé om politik enligt vilken det föreligger en motsättning mellan ett moraliskt folk och en omoralisk elit, ett folk som populisten är ensam om att representera.[6]

När reaktionen mot internationaliseringen inte kallats populistisk har den brukat betecknas som högerextremistisk. Även detta är förvirrande, för att inte säga vilseledande. «De flesta försök att begreppsligt bestämma [höger-vänster] dimensionens karaktär har misslyckats», för att citera *Statsvetenskapligt lexikon*.[7]

Än avses stabilitet kontra förändring, än marknad kontra stat, än överklass kontra underklass. De rörelser som kallats högerextremistiska har kunnat stå för motsatsen till höger i dessa meningar. Deras konservatism har besått i emotionell uppslutning kring vissa traditioner snarare än i förnuftig försiktighet med förändring, den har stått för offentlig kontroll lika väl som för fri marknad, den har betonat nationell gemenskap mer än sociala motsättningar. På den ekonomiska höger-vänsterskalan – den som gäller marknad kontra stat samt tillväxt kontra fördelning – har «högerextremisterna» kunnat vara mitten- eller rent av vänsterpolitiker. De må ha varit extremister, men inte på höger-vänsterskalan sådan denna har brukat tolkas.[8]

Varken «populism» eller «högerextremism» säger något om den sakliga innebörden i reaktionen mot internationaliseringen. Jag ska gå till några representanter för denna tendens utan att bry mig om i vilken mening de är «populister» eller «höger». Den följande påminnelsen om centrala drag i anti-internationalismen sådan den framträdde på 2010-talet bygger på material från Brexitkampanjen i Storbritannien och Donald Trumps valrörelse i USA samt på texter från denna tid publicerade av Front National i Frankrike (numera Rassemblement National), Alternative für Deutschland, Sannfinländarna, Dansk Folkeparti, det norska Fremskrittspartiet samt Sverigedemokraterna.[9]

Tre teman återkommer: den förlorade suveräniteten, den oacceptabla invandringen, den hotade kulturen.

Suveräniteten. Ett avgörande skäl att motsätta sig utvecklingen sades vid mitten av 2010-talet vara att internationell reglering berövat människorna kontrollen över deras angelägenheter. Detta var vad folkomröstningen handlade om, enligt kampanjorganisationen *Get Britain Out*: att «återupprätta brittisk demokrati, frigöras från EU:s oansvariga byråkrater och återta kontrollen över våra gränser, våra lagar och våra pengar». Enligt Boris Johnson, ledande förespråkare för Brexit, pågick en «långsam och osynlig juridisk kolonisering allteftersom EU infiltrera[de] snart sagt alla delar av den offentliga politiken». Lagstiftningen i EU:s ministerråd skedde allt oftare med majoritet i stället för konsensus och Storbritannien kördes allt oftare över. «Detta är vad vi menar med förlust av suveränitet – folkets oförmåga att vid valen kasta ut de män och kvinnor som kontrollerar deras liv.»

Samma tankegång fanns hos Front National: Vi ska «återvinna vår frihet och vår kontroll över vårt öde genom att återge det franska folket dess suveränitet (monetärt, legislativt, territoriellt, ekonomiskt).» Det krävs en förhandling om EU:s framtid, varvid målet ska var ett europeiskt projekt som respekterar Frankrikes oberoende och suveränitet. Förhandlingen ska följas av en folkomröstning om huruvida Frankrike alls ska vara medlem.

Eller, som det uttrycktes av Alternative für Deutschland: Vi motsätter oss en utveckling av EU till en förbundsstat. Vi tror på ett suveränt Tyskland. Om EU inte reformeras i grunden kommer vi att arbeta för Tysklands utträde eller EU:s upplösning. Att medborgarnas rätt till individuell och kollektiv frihet kan säkras av internationella organisationer är en utopi som «åsamkat mänskligheten stort lidande».

Dansk Folkeparti hade som första målsättning att hävda landets självständighet, accepterade inte att Danmark avstod suveränitet och sade sig vara motståndare till EU. Sverigedemokraterna ville hejda maktöverföringen till Bryssel och krävde en ny folkomröstning om medlemskapet i EU. Enligt norska Fremskrittspartiet hade EU utvecklats i övernationell riktning med en byråkrati som «lägger hinder i vägen för vanligt folk», varför partiet motsatte sig norskt medlemskap.[10]

När det så småningom visat sig hur komplicerat det var för Storbritannien att lämna EU började EU-kritiska partier i andra länder tona ner sina krav på utträde för att i stället satsa på att förändra EU inifrån.[11] I sin valplattform inför valet till Europaparlamentet i maj 2019 visade sig Sverigedemokraterna höra till dem som nu gick in för att försvaga EU snarare än att lämna unionen.[12]

Det som i Europa framstod som hotet från det övernationella EU motsvarades hos Donald Trump av den multilateralism som USA bäddat in sig i. „Amerikanism, inte globalism, ska bli vårt credo», förkunnade Trump vid det republikanska konvent där han nominerades till presidentkandidat. Vi ska ingå individuella avtal med individuella parter men inte ge oss in i massiva transaktioner med många länder «som omfattar tusentals sidor – och som ingen i vårt land ens läser eller förstår», hävdade han i ett annat valtal. «*America first!*»

Invandringen. America first hade också en annan innebörd i Trumps retorik. «När politiker talar om invandringsreformer menar de vanligtvis amnesti, öppna gränser, lägre löner», hävdade han. Invandringsreform bör betyda något annat: en politik som «förbättrar livet för amerikanska medborgare». Vi måste lyssna till det som bekymrar det arbetande folket: den rekordstora invandringen och dess betydelse för deras «jobb, löner, bostäder, skolor, skatter och livsvillkor i allmänhet». Vi måste också ha klart för oss att inte alla som vill komma till vårt land kan klara en framgångsrik assimilation. «Det är vår rätt, som suverän nation, att välja de invandrare som vi tror kommer att trivas och lyckas och som kommer att älska oss.»

Temat var gängse i den anti-internationalistiska retoriken. För förespråkarna av Brexit var en huvudsak det hot mot sjukvård och annan samhällsservice som den «okontrollerade invandringen» från Öst- och Sydeuropa påstods utgöra. Front National sade sig avse att återupprätta de nationella gränserna, lämna Schengensystemet, effektivisera utvisningen av illegala invandrare, begränsa legal invandring till 10 000 per år samt skärpa tillämpningen av asylrätten. Alternative für Deutschland krävde ett «paradigmskifte» i asylpolitiken.

Tongångarna var liknande i de nordiska partierna. Sannfinländarna hävdade i sitt invandringspolitiska program att det ännu var möjligt för Finland att «undvika den invandringskatastrof som till exempel Sverige, Frankrike och Storbritannien upplever». Enligt partiet var en generös välfärdsstat och öppna gränser oförenliga, och «den ekonomiskt betungande invandringen av fripassagerare [måste] förhindras.» «Danmark är danskarnas land», förkunnade Dansk Folkeparti, och utlänningar skulle upptas i det danska samhället «bara under förutsättning att detta inte sätter trygghet och folkstyre på spel».

Fremskrittspartiet i Norge ville ersätta dagens asylsystem med ett «mer rättfärdigt och humant internationellt asyl- och flyktingsystem som säkerställer en begränsad och kontrollerad asylinvandring där nationalstaterna har kontroll över antalet asylsökande». I avvaktan på detta skulle dagens asylregler tolkas «på strängaste sätt». Sverigedemokraterna hävdade i samma anda att invandringen skulle hållas på en sådan nivå och vara av en sådan karaktär att den inte utgjorde ett «hot mot vår nationella identitet eller mot vårt lands välfärd och trygghet».

Kulturen. Ett tredje vanligt inslag i anti-internationalistiska rörelsers program var att den egna nationens kultur, ofta nog framställd som överlägsen, måste skyddas. Det som krävdes var nykomlingars uppgående i majoritetskulturen. Detta uttrycktes med särskild tydlighet av Donald Trump, enligt vilken «vårt styrelseskick, och vår amerikanska kultur, är bäst i världen och kommer att leda till de bästa resultaten för alla som tar efter dem.» De som skulle släppas in i USA var de som «delar våra värden», och «stolthet över våra institutioner, vår historia och våra värden» skulle inpräntas i alla som ville «bli med i vårt samhälle».

Front National hävdade i liknande tonfall nödvändigheten av att «försvara Frankrikes enhet och nationella identitet», den franska civilisationens «värden och traditioner» samt det franska språket. Främjandet av franska värden och traditioner skulle skrivas in i konstitutionen. För nykomna skulle gälla assimilation, inte integration.

Enligt Alternative für Deutschland var mångkulturalismen blind för historien och likställde importerade tendenser med den inhemska kulturen, varigenom denna degraderades. Både regering och civilsamhälle hade skyldighet att skydda Tysklands kulturella identitet och den tyska kulturens ställning. Språket var centralt för tysk identitet: tyskans position skulle stärkas och dess internationella spridning främjas. Islam, förtydligade partiet, hör inte hemma i Tyskland.

Ungefär likadant lät det hos Sannfinländarna: «Finsk lag och rättslivet i Finland [bör] … utvecklas uttryckligen utgående från finländsk demokrati och jämlikhetsprincip.» Sharialag «bör inte ges något som helst fotfäste i Finland, inte ens i släktens interna familje- och arvsfrågor och inte heller som mannens maktställning inom familjen.»

Dansk Folkeparti sade sig stå upp för det danska kulturarvet, ville ha en bred satsning på att stärka danskheten och accepterade inte «en multi-etnisk förvandling av landet». För Sverigedemokraterna var det självklart att den svenska kulturen var unik och värd att bevara. Den var, hävdade partiet, betydligt äldre än mångkulturen, och dess betydelse för det «fredliga, demokratiska och solidariska välfärdssamhället vi lever i» borde särskilt belysas. «Stärk den nationella identiteten», utropade partiet. «Fokus på gemenskap och nej till mångkulturalism.»

Endast det norska Fremskrittspartiet tog det lugnare: «Integration av drag från andra kulturer bör ske i ett naturligt tempo och bör inte vara en offentlig uppgift.» Norsk kultur levde i ett naturligt samspel med andra kulturer, men integrationspolitiken skulle bygga på «norska regler, normer och värderingar», vilket innebar restriktioner bland annat i fråga om klädsel.

Suveränitet, invandring och kultur var alltså gemensamma teman för de politiker och rörelser som reagerade mot de internationalistiska tendenserna. Ett ytterligare element i liberal internationalism var hatobjekt för en del anti-internationalister men inte för andra. I fråga om ekonomisk globalisering förekom ytterligheter. Å ena sidan Trump som gick till storms mot multilaterala frihandelsavtal. Å andra sidan Fremskrittspartiet för vilket öppenhet, fria kapitalrörelser och människors rörelsefrihet var «viktiga värden». Däremellan Front National som förespråkade «intelligent protektionism» samt «sann ekonomisk patriotism».

Detta om den «populism» och «högerextremism» som slog igenom kring mitten av 2010-talet. Efter ett fåtal år hade etablerade partier, både konservativa och socialdemokratiska, börjat anpassa sig. Vad som varit extremism höll på att bli mittfåran. Detta hade liberala internationalister inte räknat med.

Stödet

Varifrån kommer det växande stödet för anti-internationalistiska åsikter? Bör denna opinion ges en ekonomisk eller en kulturell tolkning? Är det fråga om de ekonomiskt drabbade eller de kulturellt utmanade?

Ronald F. Inglehart och Pippa Norris finner, efter en omfattande undersökning av stödet för vad de (tyvärr) kallar populistiska partier i Europa, att förklaringen är kulturell snarare än ekonomisk. Perioden 1970–1990 kännetecknades, skriver de, av en kulturförändring präglad av post-materialistiska frågors växande betydelse. Förändringen, som chockerat dem med traditionella värden, har blivit allt mer uppenbar. Invandringen från låginkomstländer med annan religion och livsstil har stärkt intrycket att traditionella normer och värden är under upplösning. Detta har ökat stödet för partier som försvarar dessa värden, framhäver nationen och värjer sig mot främlingar.[13]

Vilken social bakgrund har då de som i skilda länder gett sitt stöd åt detta slags partier och politiker? Svaret varierar från land till land.[14] Äldre har röstat för Trump och Brexit oftare än yngre, men sambandet med ålder är svagt när det gäller stödet för Front National och Alternative für Deutschland. Genus är ibland viktigt (till exempel när det gäller Sverigedemokraterna), ibland inte (till exempel när det gäller Trump). Inte heller finns något genomgående samband att tala om med inkomst.

Genomgående är däremot att anti-internationalistiska partier och rörelser har större stöd i landsorten än i storstäderna. Det är inte i New York och Los Angeles, inte i London, Paris och Berlin, inte i Stockholm och Göteborg som de har sitt främsta stöd utan i anda landsändar. Detta antyder att reaktionen mot internationaliseringen riktar sig just mot livsstilen och mångfalden i den moderna storstaden.

Särskilt slående är emellertid det genomgående sambandet med utbildning. Trumps väljarstöd 2016 var väsentligt större bland lågutbildade än bland högutbildade, en skillnad klart större än den mellan låginkomsttagare och höginkomsttagare. En statsvetare sammanfattar presidentvalet så att det inte var ekonomisk deprivation som avgjorde utgången utan statusoro, en oro som var mer utbredd bland lågutbildade än bland högutbildade.[15]

I Storbritannien röstade likaså en stor majoritet bland de lågutbildade för *leave,* en stor majoritet bland de högutbildade för *remain*. Att utbildning spelat större roll än ekonomi för ställningstagandet till Brexit stöds av en ingående undersökning som jämfört röstandet distriktvis.[16]

I det franska presidentvalet 2017 var stödet för Marine le Pen långt större bland lågutbildade än bland högutbildade. I det tyska förbundsdagsvalet 2017 gällde detsamma: stödet för Alternative für Deutschland var starkt relaterat till utbildningsnivån. Enligt SCB:s väljarundersökning i november 2018 hade Sverigedemokraterna tre gånger så stort stöd bland lägre utbildade som bland högutbildade.[17]

I en artikel med titeln *How the education gap is tearing politics apart,* föranledd av Trumpvalet och Brexitomröstningen, går statsvetaren David Runciman tillbaka till 1980-talet när en brittisk valundersökning för första gången fann att utbildningsnivån blivit en signifikant förklaringsfaktor, något som antogs bero på att den universitetserfarenhet somliga fått hade påverkat deras attityder oberoende av klassbakgrund. Nu när bortåt hälften av befolkningen har erfarenhet av högre utbildning håller folket som helhet på att splittras på detta sätt, skriver Runciman. Klyftan fördjupas av en social rörlighet som sammanför de högre utbildade med varandra «socialt, geografiskt, romantiskt». Denna stratifiering syns runt om i Europa och är, hävdar Runciman, särskilt påtaglig i Skandinavien. Den kan enligt Runciman ses som en motsättning mellan libertarianer och auktoritarianer, där de förra eftersträvar frihet och tolerans och de senare ordning och kontroll. Runciman gör en poäng av att det inte är fråga om en skillnad i kunskap och kompetens utan i värderingar.[18]

Å ena sidan de som i sin utbildning tillägnat sig förmåga till självständigt tänkande, vilkas livsstil är präglad av diskussion och ifrågasättande, som lever i storstadens mångfald och dynamik och som ser sig som delaktiga i en internationell kultur. Å andra sidan de som känner sig hemma med traditionella värderingar, ett långsammare tempo och rötterna i närsamhället. Med den brittiske journalisten David Goodharts överallt citerade uttryck: å ena sidan *anywheres*, å andra sidan *somewheres*.[19]

Tanken går till det gamla samhällsvetenskapliga begreppsparet centrum/periferi. I centrum finns de politiska institutionerna, den kulturella dominansen, den ekonomiska ledningen. Det är centrum – storstadsborna, de högutbildade – som har deltagit i och påverkats av den internationalistiska utvecklingen. Det är i periferin som reaktionen har blivit tydligast.[20]

Freden och säkerheten

Freden har varit det huvudsakliga argumentet för det internationalistiska projektet. Meningen har varit att lindra de problem för den internationella ordningen som följer av att nationell suveränitet är den internationella politikens grundvillkor, men att göra detta utan att avskaffa den.

Internationalisten har haft två skäl för denna halvmesyr. Det ena är pragmatiskt: nationalismen har en så stark ställning runt om i världen att en världsfederation är omöjlig. Det andra är ideologiskt: även internationalisten ser nationell självständighet som ett värde och ogillar tanken på en alltomfattande global makt och även på en värld kontrollerad av transnationella intressen. Den liberala förhoppningen är därför begränsad till att starka gemensamma institutioner, ökat utbyte och mångfaldigade kontakter ska dämpa nationalismen, och därmed riskerna med statssystemet.

Demokratierna har varit internationalismens tillskyndare, och den nationalistiska tendensen i dessa länder aktualiserar frågan vilka konsekvenser en fortsatt utveckling i anti-internationalistisk riktning – en återgång till en äldre tids internationella politik – kan få. Här är fyra hypoteser.

(1) *Politiken blir mindre multilateral.* De internationella organisationerna

försvagas – det blir svårare att fatta beslut inom dem och mindre avseende kommer att fästas vid besluten. De multilaterala förhandlingsomgångarna blir likaså färre. Inom EU, det internationalistiska projektets spjutspets, stärks mellanstatligheten på överstatlighetens bekostnad – mer regeringsmöten och ministerråd, mindre Europaparlament och kommission.

(2) Det blir *svårare att finna lösningar på gemensamma problem* som klimatfrågan, migrationen och kärnvapenhotet när skillnaderna mellan länderna framhävs på bekostnad av det allmänmänskliga och gemensamma, och när politiken domineras av nationella säkerhetsintressen i stället för av internationell problemlösning.

(3) *Internationella normer får minskad betydelse.* Regeringarna kommer att fortsätta att hänvisa till folkrätten, FN-stadgan och internationella avtal, men slagkraften i sådana argument minskar när alla utgår från att alla regeringar fäster större vikt vid de kortsiktiga fördelarna för den egna nationen än vid de långsiktiga fördelarna med stabila, gemensamma normer. Detta särskilt som förutsättningarna kommer att försämras för den internationella opinionsbildning som internationalister tänkt sig som stöd för freden och säkerheten.

(4) *Risken för upptrappning av konflikter ökar* som följd av att återhållande faktorer försvagas: dels de ömsesidiga beroendena, dels de transnationella kontakterna.

Från internationalistisk synpunkt är detta en fyrfaldig dystopi. En nationalist kan däremot hävda att det alltid har varit en illusion att man genom internationell strukturförändring kan trygga freden och säkerheten. Det som står till buds är och förblir det som för nationalisten är den enda grunden för internationell ordning: maktbalanspolitik byggd på avskräckning. Framför allt är det positivt för den egna nationens självständighet och särprägel att internationella strukturer, utbyten och relationer försvagas så att nationalstaten återvinner den ställning som gått förlorad i internationaliseringens tid. Nationalstaten behöver återerövra den klassöverskridande gemenskap som är välfärdspolitikens förutsättning och som ger meningsfullhet åt de eljest missgynnade, som Yael Tamir uttrycker det i *Why Nationalism*, ett försvar från vänster av den nya nationalismen.[21]

Demokratin

Redan Immanuel Kant kopplade ihop det som skulle komma att kallas liberal internationalism med det som skulle komma att kallas liberal demokrati. I den konfederation han föreställde sig skulle medlemmarna, nationerna, vara «republikanska» och inte «despotiska». Kopplingen mellan liberal internationalism och demokrati var lätt att motivera för dem som solidariserade sig med det internationalistiska projektet: utvecklingen av positiva relationer av skilda slag över gränserna underlättades av att staterna var öppna och demokratiska, en aktiv folkopinion i skilda länder kunde medverka till att upprätthålla de fredsbefrämjande normer som skulle utvecklas, krig mellan demokratier tycktes mindre troliga än andra krig. Demokrati blev en integrerad del av det internationalistiska fredsprojektet.

Detta leder till frågan om internationalismens kris är kopplad till demokratins. Hotar nationalismens framgångar inte bara de internationella relationerna utan också demokratin?

När Herbert Tingsten 1933 publicerade sitt arbete *Demokratiens seger och kris* bestod krisen i hotet från krafter som verkade för att avskaffa det demokratiska statsskicket – bolsjevism, fascism, nazism.[22] Den kris som diskuterades på 2000-talet var en annan. Hotet kom inte längre från antidemokratiska revolutionärer utan från gradvis förändring inom demokratins ram. I den tidigare nämnda, ofta citerade boken *How Democracies Die* nämner författarna Turkiet, Ungern och Venezuela som exempel på länder där demokratin «dött» men ändå i viss mån levat kvar. Karakteristiska drag i en sådan utveckling är

- förstärkning av regeringsmakten i förhållande till folkrepresentationen, till exempel genom införande av undantagstillstånd
- kampanj mot, restriktioner för eller indragning av oberoende medier
- delegitimering av politiska motståndare, till exempel genom förtal, åtalshot eller rättegångar
- restriktioner för forskning och högre utbildning, till exempel genom fängsling av professorer eller stängning av universitet
- inskränkning av rättssystemets självständighet, till exempel genom politisk av- och tillsättning av domare.

För en demokrat är detta varningssignaler. Termen illiberal demokrati, myntad av en amerikansk journalist 1997, blev etablerad sedan Viktor Orban börjat använda den om sitt ungerska styre – en statsform som behållit den liberala demokratins yttre skal men som centraliserat makten, begränsat debatten och undergrävt rättssamhället. Begreppet har blivit vedertaget som beteckning för länder i gråzonen mellan demokrati och diktatur. En utveckling i riktning mot illiberal demokrati – detta är kärnpunkten – sker inte med våld eller mot folkmajoritetens vilja utan är fredlig och har folkligt stöd. Personer eller partier som kommit till makten genom demokratiska val startar, stödda av en bred opinion, en förändring bort från liberal demokrati – detta är demokratins kris på 2000-talet.

Gynnas en sådan utveckling av de nationalistiska rörelsernas tillväxt?

Själva säger sig dessa rörelser vara ute för att återupprätta en demokrati som de anser hotad. De har två argument. Det första, tidigt formulerat av John Stuart Mill och flitigt använt ett sekel senare, är att demokrati förutsätter den nationella gemenskap som hotas av invandring och mångkultur. Det andra är att demokratin måste återta det den förlorat till EU och andra internationella organisationer.

Internationalisten har två motargument. Det ena är att demokrati inte bara försvåras utan också stimuleras av mångfald, inklusive sådan som har sin grund i olika ursprung och bakgrund; slutenhet är inte något demokratiskt ideal, demokratins förhållande till mångfald är ett forskningsområde och inte en självklarhet. Det andra är att politikens internationalisering visserligen har minskat varje demokratis möjlighet att fatta självständiga beslut under givna förutsättningar men å andra sidan har gjort det möjligt för landets demokratiskt valda företrädare att på internationell nivå delta i beslut om dessa förutsättningar; en återerövring av suveräniteten, för att tala med nationalisterna, skulle inte bara öka utan också minska demokratins räckvidd.

Det som särskilt ger demokraten anledning till oro är emellertid något tredje. Historiskt har nationalism kunnat vara en frihetsrörelse men nationalistiska förkunnelser har väl så ofta utnyttjats av demokratins fiender. Att göra själva nationen till det centrala bäddar för auktoritära ledare. Om något är en lärdom från 1930-talet så är det denna. Det finns anledning befara att framgångar för nationalistiska rörelser ökar risken för en utveckling från liberal demokrati till illiberal.

Därmed aktualiseras ett klassiskt demokratiskt dilemma: hur ska demokratin förhålla sig till sina motståndare? Bör de som verkar för demokratins försvagning ha samma möjligheter till demokratiskt deltagande som andra politiska rörelser, eller bör ett villkor för deltagande i demokratin vara att denna fullt ut erkänns? Författarna till *How Democracies Die* hävdar att demokrati kräver respekt för en norm om ömsesidig tolerans. Så länge våra motståndare håller sig inom författningens ram ska vi erkänna dem som legitima konkurrenter om makten, hur fel vi än anser att de har. De ska förbli våra politiska motståndare men inte göras till våra fiender. Fast bara så länge de håller sig inom författningens ram.

På 1930-talet var dilemmats innebörd tydlig: betydelsefulla partier hade den liberala demokratins avskaffande på sitt program, kommunister lika väl som nazister och fascister. Det demokratin numera hotas av är rörelser som säger sig stå upp just för demokrati. Detta gör det svårare att avgöra vilka rörelser vi demokrater har att låta verka i vår demokrati på samma villkor som andra. Demokratins kris på 1930-talet bestod i dess kamp mot dess uttryckliga fiender. Krisen på 2020-talet gäller dess förhållande till anti-internationalistiska rörelser i gråzonen.

7. Utlänningarna, klimatet och suveräniteten

Föreställningen om nationell suveränitet som den internationella politikens grund är på 2000-talet lika aktuell som någonsin, hyllad som den är av nationalistiska rörelser i många länder och underblåst som den är av en växande aversion mot mångkultur. Den utmanas av två huvudfrågor i 2000-talet internationella politik: migrationen och klimatförändringen. På dessa områden har internationella regimer etablerats. Det jag vill diskutera är förhållandet mellan dessa regimer och den nationella suveräniteten.

Begreppet internationell regim, introducerat på 1970-talet, har definierats som principer, normer och beslutsprocedurer vilka har blivit vedertagna inom ett internationellt politikområde.[1] Flyktingregimen och klimatregimen är exempel. På ett sätt är de varandras motsatser: flyktingregimen är avsedd att lösa ett livsavgörande problem för enskilda individer, klimatregimen att möta ett existentiellt hot mot hela mänskligheten. Det de har gemensamt är ett problematiskt förhållande till nationell suveränitet.

Flyktingregimen

Utlänningarna och skyddsbehovet

Den suveräna statens genombrott som grund för politisk organisering, ofta daterat till westfaliska freden 1648, gjorde de territoriella linjer betydelsefulla som avgränsade suveräniteterna från varandra och deras invånare från de andra, «utlänningarna». Inresekontroll blev så småningom internationell norm.[2] För de flesta medborgare i de flesta länder krävs sedan länge pass och ofta annan dokumentation för legal inresa i och vistelse inom de flesta andra länder.

Detta som bakgrund till det som här är huvudsaken: de som kommer till eller uppehåller sig i ett land utan tillräcklig dokumentation och som anser sig sakna möjlighet att återvända hem – de som är varken turister, affärsmän, artister, idrottsmän, gästarbetare eller gäststudenter utan skyddssökande. Det är i fråga om dem som en ordning grundad på nationell suveränitet möter en internationell regim baserad på universell humanitet.

Flyktingregimens detaljer är komplexa men huvuddragen är enkla.[3] Det grundläggande dokumentet är 1951 års konvention angående flyktingars rättsliga ställning («Genèvekonventionen», «flyktingkonventionen»), modifierad genom 1967 års tilläggsprotokoll («New York-protokollet»).[4] Dessa dokument, antagna mot bakgrund av tidigare decenniers förtryck, förföljelser och folkmord, har ratificerats av omkring 150 länder.

Flykting är enligt artikel 1 i konventionen den som «i anledning av välgrundad fruktan för förföljelse på grund av sin ras, religion, nationalitet, tillhörighet till viss samhällsgrupp eller politiska åskådning befinner sig utanför det land vari han är medborgare» och som på grund av sådan fruktan inte kan eller vill återvända dit. Undantagen är den som kan antas ha begått brott mot freden, krigsförbrytelse eller brott mot mänskligheten, grovt icke-politiskt brott eller gärningar som strider mot FN:s syften och grundsatser, men annars ger «välgrundad fruktan för förföljelse» den enskilda individen rättigheter gentemot andra stater än den egna.

I Europeiska Unionens så kallade skyddsgrundsdirektiv återges flyktingkonventionens definition av flykting men därtill läggs kategorin «alternativt skyddsbehövande» (*person eligible for subsidiary protection*). Dit räknas den som i sitt ursprungsland hotas av dödsstraff, tortyr eller annan omänsklig behandling, eller – ett viktigt tillägg – som där löper allvarlig risk att som civil skadas i en väpnad konflikt.[5] EU är inte ensamt om att ha gjort flyktingbegreppet mer vidsträckt än det är i flyktingkonventionen. OAU i Afrika och en grupp stater i Latinamerika hör till dem som har antagit regler om motsvarigheter till vad EU kallar alternativt skyddsbehövande.[6]

Flyktingregimens kärna är den rätt den ger en skyddssökande att ansöka om asyl i annat land än ursprungslandet och den skyldighet den åligger myndigheterna i tillflyktslandet att pröva den sökandes behov av skydd. Den som beviljas asyl har enligt konventionen rättigheter i fråga om understöd, bostad, skola och arbete, och EU-direktivet innehåller liknande regler. Den som nekas asyl har å andra sidan att lämna det land som underkänt anspråket på flyktingskap. Enligt vad som är känt som principen om *non-refoulement* får dock avvisning eller utvisning inte ske dit där flyktingen riskerar hot mot liv eller frihet.

Hur det ska gå till när ansökningar om asyl prövas avgör tillflyktslandet. Proceduren kan variera från avvisning vid gränsen till utredning följd av domstols- eller regeringsbeslut. Det är också tillflyktslandet som avgör hur asylsökande ska behandlas i avvaktan på beslut. Det brukar hävdas att internationella konventioner om mänskliga rättigheter ålägger staterna att bistå väntande, en skyldighet som även sagts vara implicit i flyktingkonventionen,[7] men variationen går från instängning i flyktingläger till frihet ute i samhället.

Flyktingregimen ger alltså enskilda rättigheter i förhållande till stater, men även FN är flyktingaktör. UNHCR, som tillkom 1950, ges i flyktingkonventionen uppgiften att övervaka konventionens tillämpning men en annan uppgift för organisationen har blivit att själv ge flyktingar skydd och hjälp. År 2017 gav UNHCR bistånd till omkring häften av världens 25 miljoner gränsöverskridande flyktingar.[8] Organisationen räknar med tre alternativ för dem man bistår: återvändande till ursprungslandet, bosättning i tillflyktslandet, bosättning i tredje land. UNHCR framhåller att det är tillflyktsländerna som har ansvaret för flyktingarna och att organisationens uppgift är att hjälpa dem med detta.[9]

Utöver UNHCR har FN inrättat organisationen UNRWA för att ge stöd åt palestinska flyktingar, definierade som «personer vilkas normala vistelseort var Palestina under perioden 1 juni 1946 till 15 maj 1948 och som förlorade både hem och möjlighet till uppehälle som resultat av konflikten 1948». Som flyktingar räknas även dessa personers efterkommande på fädernet, och av kanske 750 000 palestinska flyktingar 1948 har därför på 2010-talet blivit fler än fem miljoner. UNRWA ser som sin uppgift att sörja för utbildning, hälsovård, godtagbar levnadsstandard och mänskliga rättigheter.[10] För dessa flyktingar har tydligtvis varken bosättning i tillflyktslandet eller i tredje land ansetts utgöra alternativ, endast återvändande.

Något måste tilläggas om terminologin inom det flyktingpolitiska området. En fråga är om man är flykting på grund av de objektiva förhållandena i ursprungslandet eller endast efter det att ett tillflyktslands myndigheter har prövat situationen och fattat ett positivt asylbeslut. UNHCR definierar flykting på det förra sättet. Med detta språkbruk, till vilket jag ansluter mig, kan det finnas flyktingar som inte sökt asyl liksom det kan finnas flyktingar som förvägrats asyl.

En andra fråga gäller förhållandet mellan begreppen flykting och migrant. För UNHCR är distinktionen vital: flykting är den som söker skydd från väpnad konflikt eller förföljelse, migrant är den som söker «få ett bättre liv genom att hitta arbete, eller i vissa fall för att få en utbildning, återförenas med sin familj, eller av andra skäl». Migranten kan «återvända hem i säkerhet», men inte flyktingen.[11] Vanligt är emellertid att betrakta även flyktingar som migranter, fast av särskilt slag och med särskilda rättigheter. Jag ansluter mig till den senare terminologin. Innebörden är att jag när jag talar om migranter inte utesluter att det bland dem kan finnas flyktingar.

Ännu ett begrepp som används på mer än ett sätt är papperslös, vilket enligt Europaparlamentets uppmaning bör användas i stället för illegal. Papperslös är enligt den terminologi jag ansluter mig till dels den som tagit sig in i ett land utan tillstånd och utan att därefter söka asyl, dels den som utan att söka asyl blivit kvar i ett land efter det att tillståndet att vistas där har löpt ut, dels den som fått avslag på sin asylansökan men inte har lämnat landet.[12]

Den europeiska flyktingkrisen, och den amerikanska

Förhållandet mellan flyktingens rätt och nationens suveränitet är en begränsad fråga så länge det handlar om enstaka personer som kommer till ett land och där begär asyl. Det är när tusentals kommer samtidigt som flyktingregimen sätts på prov.

Om begreppet massflyktingsituation är etablerat i internationell normbildning är oklart, men i ett EU-direktiv 2001 definieras «massiv tillströmning» som «ankomst till Europeiska gemenskapen av ett betydande antal fördrivna personer, med ursprung i ett bestämt land eller ett bestämt geografiskt område, oberoende av om de kommit till gemenskapen spontant eller med hjälp, till exempel genom ett evakueringsprogram».[13] I direktivet anges ingen siffra för hur stor tillströmningen ska vara för att vara massiv, men i dess inledning hänvisas till krigen i före detta Jugoslavien på 1990-talet.

Enligt *Guinness Book of World Records* är världens hittills största flyktingkris den som uppstod vid delningen av Brittiska Indien mellan Indiska Unionen och Pakistan år 1947. Denna ska ha lett till minst 15 miljoner flyktingar, en flyktingkatastrof kanske 20 gånger större än den som följde på den ungefär samtidiga delningen av det brittiska Palestina mellan Israel, Jordanien och Egypten.[14]

Anstormningen av flyktingar till Europa vid mitten av 2010-talet var mindre än den indisk-pakistanska flyktingkrisen men större än den palestinska. År 2015 ansökte enligt Eurostat 1 255 640 personer om asyl i EU:s medlemsstater, vilket var mer än en fördubbling jämfört med året innan. Av dessa sökte 35 procent asyl i Tyskland, 14 procent i Ungern och 12 procent i Sverige.[15] År 2016 var det totala antalet asylsökande ungefär lika stort men nu med 60 procent i Tyskland.[16]

Massflyktingrörelser har främst gått från ett fattigt land till ett annat men i Europa på 2010-talet var det fråga om en ström av människor från fattiga länder till rika. Att avgöra vilka av alla de anländande, plågade människorna – hopar vid gränsövergångar, räddade ur Medelhavet – som var flyktingar med rätt till skydd och vilka som var migranter utan sådan rätt var en stor uppgift i ett läge när det var svårt att upprätthålla normal inresekontroll, svårt att ta hand om alla dem som kom och svårt att utvisa dem som efter prövning nekats uppehållstillstånd. Situationen komplicerades ytterligare av att stora skaror underlät att söka asyl i det EU-land till vilket de först anlände, vilket de förväntades göra enligt EU:s så kallade Schengenkonvention, för att i stället ta sig vidare norrut mot länder som Tyskland och Sverige.

Den europeiska flyktingkrisen, inte minst Sveriges hantering av denna, gav exempel på vad stater fann det möjligt att göra för att slippa oönskade utlänningar, flyktingregimen till trots. Meningen med det följande är inte att ge en fullständig bild av Europas hantering av flyktingkrisen, vilket skulle kräva en större undersökning än denna, och inte heller att bedöma i vad mån hanteringen var förenlig med internationell och europeisk rätt, vilket vore en uppgift för jurister. Syftet är endast att påminna om några av de begränsningar som flyktingregimen visade sig ha när den sattes på prov.

Det som talar för en välkomnande attityd till dem som kommer är flyktingregimens principer och, självfallet, den humanitära skyldigheten att bistå människor i nöd. Det som talar mot är de påfrestningar som ankomsten av ett stort antal människor under kort tid innebär för ett land. Redan det omedelbara omhändertagandet av stora mängder utsatta människor ställer krav på resurser. Om alltför många söker asyl hotas mottagarlandets administration av överbelastning, samtidigt som de asylsökande ska ges rimliga villkor under hela den tid under vilken de väntar på besked. Ju fler som sedan får nej desto fler utvisningsfall finns att hantera. Ju fler som får ja desto större blir å andra sidan trycket på de ekonomiska och sociala systemen, från bostäder och arbetsmarknad till skola och vård. Desto större blir också, har många visat sig anse, hotet mot den nationella identiteten och kulturen.[17] Allt detta kan föranleda en så snäv tolkning av den internationella flyktingregimen som möjligt.

Det är avgörande för flyktingregimens betydelse vilka möjligheter som visat sig finnas att begränsa dess förpliktelser. Under den europeiska flyktingkrisen visade sig den viktigaste begränsningen gälla regimens grundbult: rätten att söka asyl.

Flyktingregimen utgår från att tillströmningen av flyktingar med rätt till skydd bestäms av förhållandena i deras ursprungsländer – av förföljelserna, av krigen. Under den europeiska flyktingkrisen blev det vanligt att i stället resonera som om EU, eller enskilda EU-länder, kunde bestämma hur många flyktingar som kunde «tas emot». Åtgärder vidtogs för att hindra skyddssökande att alls ta sig fram till det land där de skulle kunna söka asyl. Det blev ett mål för politiken att minska antalet flyktingar genom att hålla dem borta.

Huvudfrågan gällde de hundratusentals människor som illegalt, det vill säga på annat sätt än via en reguljär gränskontroll, tog sig över Medelhavet och vidare norrut. Flyktingar och migranter kommer till EU «i aldrig tidigare skådat omfång», för att citera EU-kommissionen, vilket lett till att «allvarliga brister vid EU:s yttre gränser blivit uppenbara och att en del medlemsstater systematiskt har börjat släppa igenom människor». Det hade, skrev kommissionen, bildats «en rutt genom Västra Balkan längs med vilken migranterna snabbt reser norrut».[18]

EU vidtog en rad åtgärder för att minska denna anstormning. 2015 igångsattes Operation Sophia i syfte att identifiera, uppbringa och förstöra fartyg som flyktingsmugglare använde eller misstänktes använda.[19] Ungern uppförde samma år en barriär längs sin gräns mot Serbien och Kroatien för att göra det fysiskt omöjligt för migranter att landvägen ta sig in i Schengenområdet. Med Turkiet ingick EU år 2016 en överenskommelse om att detta land skulle hindra vad som kallades irreguljär migration till Grekland och återta dem som ändå tog sig över dit, detta i utbyte mot EU-bidrag till finansieringen av migranternas omhändertagande i Turkiet.[20] Åtgärder vidtogs även för att göra det svårare för migranter att ta sig över Medelhavet från Libyen, bland annat genom att förstärka den libyska kustbevakningen.[21] Enskilda länder gick längre: år 2018 vägrade Italien och Malta att tillåta fartyg med räddade människor att ens angöra deras hamnar.

För att göra det svårare för skyddssökande som lyckats ta sig till Europa att komma vidare norrut upprättade flera Schengenländer – Österrike, Tyskland, Danmark, Sverige, Norge – så kallade inre gränskontroller («inre» i meningen inom Schengenområdet). Flyktingar har inte rätt att välja i vilket land de ska söka asyl, som det kunde heta. Det krav på uppvisande av id-handlingar vid inresa i Sverige som infördes 2015 motiverades med behovet av bättre kontroll över vilka personer som reste in i landet men det framgick mycket klart att syftet var att minska antalet asylsökande, tydligtvis genom att helt enkelt hindra dem som saknade id-handlingar att ta sig fram till landet.[22]

Flyktingkrisen blev också en påminnelse om Schengenkonventionens transportöransvar, enligt vilken transportör är skyldig att försäkra sig om att utlänning har de dokument som krävs för inresa i destinationslandet.[23] Regeln har visat sig kunna tolkas så att transportören har ansvaret även när en icke papperslös person nekas asyl i inreselandet.[24] Ett slags asylprövning ska alltså utföras redan av transportföretaget, också detta ett sätt för staterna att göra det svårt för flyktingar att söka skydd hos dem.

Den europeiska flyktingkrisen följdes av den amerikanska. Retoriken var en annan men motåtgärderna likartade. Kontrollen över gränsen mot Mexiko blev en huvudfråga i amerikansk politik sedan migrationen därifrån börjat domineras av skyddssökande centralamerikanska familjer. Enligt *US Customs and Border Protection* hade de skyddssökande 2018 blivit så många att de innebar påfrestningar för federala myndigheter.[25] Mottagningsresurserna ansågs överväldigade: i mars 2019 var antalet icke avgjorda asylärenden uppe i 800 000 och möjligheterna till någotsånär humanitärt omhändertagande ansågs uttömda.[26]

En rad åtgärder vidtogs för att minska trycket. Bevakningen av gränsen förstärktes med militära styrkor, antalet asylsökande som tilläts komma fram till gränsövergångarna inskränktes, tårgas sattes in mot väntade. Flera övergångar stängdes helt för asylsökande, och enligt en policy som infördes i början av 2019 skulle de som alls kom år att söka asyl invänta prövningen av sina ansökningar på den mexikanska sidan av gränsen.[27] I juni 2019 utfäste sig Mexiko efter hot om handelssanktioner att inte bara implementera denna policy utan också att befästa sin sydgräns för att hindra migranter från att ta sig via Mexiko till

USA.[28] I juli 2019 tillkännagav den amerikanska regeringen att ansökningar om asyl inte skulle prövas om den sökande på vägen till USA passerat annat land och underlåtit att söka asyl i detta; Guatemala, Honduras och El Salvador skulle, liksom tidigare Kanada, betraktas som «säkra tredje länder».[29]

President Donald Trumps krav på en mur längs gränsen mot Mexiko, vilket entusiasmerat hans supportrar, blir om det förverkligas det mest bokstavliga exempel man kan föreställa sig på en stats strävan att avskärma sig från flyktingregimen genom att avskärma sig från flyktingar.

Flyktingregimens mest uppenbara begränsning visade sig alltså vara möjligheten att hindra skyddssökande att ta sig dit där de skulle kunna söka asyl. Det fanns flera. De som alls kom åt att inge asylansökningar fick både vid Medelhavet och vid gränsen till Mexiko avvakta asylbeslutet under förhållanden som knappast uppfyllde humanitetens krav. Själva prövningen kunde dessutom göras mer restriktiv än vad den tidigare varit. Asylbegreppet kunde snävas in genom mindre generösa bedömningar än tidigare av en skyddssökandes risk att drabbas av krig (en huvudfråga under den europeiska flyktingkrisen) eller förföljelse (en huvudfråga under den amerikanska). Man kunde också ställa strängare krav än förr på dokumentation av identitet och ålder samt pröva de uppgifter som lämnades med större skepsis än tidigare. Även möjligheterna till anhöriginvandring kunde inskränkas.

I Sverige ändrades själva lagstiftningen för att öka möjligheterna till negativa asylbeslut. I den utlänningslag som gällde vid flyktingkrisens början fanns, utöver att vara flykting enligt Genèvekonventionen eller alternativt skyddsbehövande enligt EU-förordningen, en tredje möjlighet, «övrig skyddsbehövande». Denna tredje kategori definierades som att inte kunna återvända till hemlandet till följd av välgrundad fruktan för «allvarliga övergrepp» på grund av «en yttre eller inre väpnad konflikt» eller «andra svåra motsättningar i hemlandet», eller till följd av en miljökatastrof. I lagen om «tillfälliga begränsningar av möjligheten att få uppehållstillstånd i Sverige», antagen 2016 med anledning av flyktingkrisen, ströks denna tredje möjlighet.[30]

Denna lag reducerade asylrätten också på ett annat sätt. Dittills hade utlänningslagen föreskrivit att uppehållstillstånd skulle ges permanent eller vara minst treårigt. Nu ändrades detta till att uppehållstillstånd för flyktingar enligt Genèvekonventionen skulle ges under tre år med möjlighet till tidsbegränsad förlängning och för «alternativt skyddsbehövande» under tretton månader med möjlighet till förlängning under två år. Sverige lade sig som man sade på EU:s miniminivå.[31]

Återstår hur man gör sig kvitt de många som nekats asyl (enligt Eurostat omkring hälften av de asylsökande i EU-länderna åren 2015–2016). Principen om *non-refoulement* kan liksom annat i asylrätten tolkas mer eller mindre restriktivt. Utvisningen kan dessutom skötas mer eller mindre effektivt och mer eller mindre brutalt: större eller mindre polisresurser kan sättas in för att leta upp dem som har nekats asyl, deras tillgång till vård och skola under väntetiden kan vara mer eller mindre generös. Man kan på humanitära grunder acceptera att en del av dem som aldrig borde ha släppts in dröjer sig kvar, men man kan också med måttliga dubier göra sig kvitt sina papperslösa utlänningar.

Det är en huvudfråga i 2000-talets internationella politik hur staterna balanserar mellan suverän exklusion och humanitär inklusion. Europeisk och amerikansk flyktingpolitik har påmint om vilka möjligheter en stat har sätta den egna nationen framför den skyddssökande flyktingen utan att mäla sig ut ur flyktingregimen – hålla skyddssökande borta, tolka asylrätten snävt, avvisa eller utvisa med ringa beaktande av principen om *non-refoulement*. Vi har blivit påminda om hur svag ställning flyktingen har gentemot den stat som vill hävda sin suveränitet. Det är UNHCR, inte staterna, som är flyktingregimens mest pålitliga komponent.

Klimatregimen

Klimatfrågan som internationell politik

Det har i internationell politik blivit en dominerande uppfattning att global uppvärmning hotar mänskligheten med en katastrof som endast kan begränsas genom förändringar i global skala av levnadssätt och samhällsliv. Frågan är hur ett kraftfullt, samfällt agerande ska komma till stånd om världspolitiken i övrigt förblir sig lik med sina självständiga stater, nationella intressen och maktkamper.

Klimatfrågan har liknats vid *the tragedy of the commons:* en gemensam resurs blir förödd därför att överutnyttjande ligger i den enskildas intresse.[32] Analogin har kritiserats men klart är att det är rationellt såväl för en individ som för en stat – resonemanget gäller på båda nivåerna – att göra uppoffringar för att minska utsläppen av växthusgaser bara om man kan räkna med att andra gör detsamma. Det är därför det krävs politik, inklusive en internationell klimatregim.

Det som placerade klimatfrågan på dagordningen för internationell politik var en konferens som Meteorologiska världsorganisationen WMO arrangerade 1979 i Genève. Konferensen uttalade att mänsklig verksamhet «kan orsaka signifikanta långvariga regionala och till och med globala förändringar av klimatet» samt föreslog globalt samarbete i syfte att undersöka det globala klimatets framtida utveckling. Ett följande steg var en konferens i Villach 1985, arrangerad av WMO i samarbete med FN:s miljöprogram UNEP och vetenskapsakademiernas samarbetsorgan ICSU, varvid ett uttalande antogs enligt vilket utsläppen av växthusgaser kunde leda till en historiskt unik ökning av den globala medeltemperaturen under 2000-talet.[33]

År 1987 publicerade *World Commission on Environment and Development* (WCED) rapporten *Our Common Future*, känd som Brundtlandrapporten. Enligt denna kunde klimatförändringarna få väsentliga konsekvenser redan i början av 2000-talet; om regeringarna väntade till dess en signifikant klimatförändring hade påvisats kunde det bli för sent för effektiva motåtgärder.[34] En konferens i Toronto 1988 krävde minskade CO2-utsläpp samt en global överenskommelse om skydd av atmosfären. Samma år antog FN:s generalförsamling en resolution genom vilken den ställde sig bakom den av WMO och UNEP upprättade *Intergovernmental Panel on Climate Change* (IPCC), i Sverige kallad FN:s klimatpanel, vilken har till uppgift att sammanställa och utvärdera kunskapen om växthuseffekten.

IPCC:s rad av rapporter, av vilka den första offentliggjordes 1990, bygger på forskning som publicerats efter vetenskaplig granskning. Rapporterna har hundratals författare. Huvudtesen, framförd med allt bättre underlag och allt större precision, kan sammanfattas i fyra punkter. (1) Sedan 1800-talet finns en tendens till ökning av jordens medeltemperatur, en ökning som är påtaglig sedan 1970-talet. (2) Ökningen är helt eller till större delen antropogen, alltså en följd av mänsklig aktivitet. (3) Temperaturökningen från förindustriell nivå kan fram till år 2100 bli fyra grader eller mer om inte utsläppen av växthusgaser minskar radikalt. (4) Konsekvenserna blir katastrofala, särskilt om inte ökningstakten begränsas.

Den första IPCC-rapporten ledde till antagandet av *United Nations Framework Convention on Climate Change* (UNFCCC), på svenska känd som klimatkonventionen, vilken trädde i kraft 1994. I konventionens första rader definieras klimatförändringen som ett «gemensamt mänskligt problem». Å andra sidan framhålls i den inledande texten att staterna har suveräna rättigheter inom sina territorier, och i en särskild formulering bekräftas «principen om staters suveränitet i internationellt samarbete för att åtgärda klimatförändringen». Länderna åtar sig emellertid att samarbeta på olika sätt och att rapportera sina åtgärder till vad som i konventionen benämns *Conference of the Parties* (COP).[35]

Nästa steg blev det så kallade Kyotoprotokollet som antogs 1997 och trädde i kraft 2005. Kyotoprotokollet utvecklade klimatkonventionen i detalj. Av särskild betydelse var att bindande utsläppsbegränsningar angavs för vart och ett av 35 industriländer för perioden 2008–2020, eller i några fall 2008–2012. Till dem som undantogs hörde inte bara ett stort antal mindre utvecklingsländer utan också Kina och Indien, de jämte USA och EU största utsläpparna. En fond inrättades för att hjälpa utvecklingsländer att anpassa sig till ett förändrat klimat.[36]

Parisavtalet

Det som konstruerades i Kyoto blev inte den klimatregim som behövdes. USA vägrade ratificera protokollet och åtagandena i detta övergavs efter hand även av Japan, Kanada, Ryssland och Australien. Det närmaste världen kommit till en fungerande klimatregim är i stället det så kallade Parisavtalet (PA). Dess konstruktion åskådliggör villkoren för internationell politik på 2000-talet.[37]

Parisavtalet fastställer inga begränsningar för enskilda länders utsläpp av växthusgaser. De intressekonflikter mellan länder med skilda förutsättningar som försvårat tidigare försök att bygga en global klimatregim, bland annat Kyotoprocessen, framgår på flera ställen i PA:s text men åtgärdas inte. Vad som i stället uppnåtts är en överenskommen målformulering samt, väl så viktigt, bindande regler för den procedur med vilken målet ska nås.

Målformuleringen finns i PA:s inledning: ökningen av världens medeltemperatur i förhållande till förindustriell nivå ska hållas klart under 2 grader och ansträngningar ska göras att begränsa den till 1,5 grader (artikel 2.2). Målet ska nås på ett sätt som «återspeglar rättvisa och principen om gemensamma men olikartade ansvar och respektive förmåga, i ljuset av olika nationella förhållanden» – en inte helt lättförståelig formulering, här liksom i följande citat återgiven i officiell svensk översättning. Innebörden i formuleringen, som har rötter i klimatkonventionen, förefaller vara att olikartade länder förutsätts bidra olika mycket till den gemensamma uppgiften. Vilken ansvarsfördelningen närmare bestämt ska vara regleras inte, förmodligen därför att förhandlingarna i Paris i så fall skulle ha kört fast.

Senare i avtalet tilläggs målsättningen att under andra hälften av 2000-talet uppnå balans mellan å ena sidan utsläpp av växthusgaser, å andra sidan infångning och förvaring (*capture and storage*) av dessa, det vill säga nollutsläpp. Det konstateras att detta tar längre tid för utvecklingsländer än för andra samt att det ska åstadkommas «på grundval av principen om rättvisa och inom ramen för en hållbar utveckling och ansträngningar för att utrota fattigdom» (artikel 4.1) – återigen en formulering som påminner om klimatpolitikens fördelningsproblematik.

Detta är det gemensamma åtagande som länderna gör i PA. De individuella åtagandena är inte substantiella utan proceduriella, och det är de som är den nya klimatregimens kärna. Det som ska ge effekt är transparens och kritisk diskussion.

Det centrala i klimatregimen är sålunda «nationellt fastställda bidrag» (*nationally determined contributions*, NDCs). Varje stat ska «utarbeta, meddela och upprätthålla successiva nationellt fastställda bidrag som den avser uppnå» (artikel 4.2). Varje NDC ska innebära en ambitionshöjning i förhållande till tidigare och ska «återspegla [landets] högsta möjliga ambition» samt ländernas «gemensamma men olikartade ansvar och respektive förmåga, i ljuset av olika nationella förhållanden» (artikel 4.3). Redan före Pariskonferensen hade 155 läder samt EU utarbetat sådana planer och ytterligare några tillkom under och efter konferensen.[38] Dessa NDCs är upplagda på skilda sätt och standardisering är en uppgift för framtiden, inte minst när det gäller hur utsläppsmålen ska beräknas och uttryckas. Ett steg i denna riktning är den «regelbok» som antogs vid klimatkonferensen i Katowice 2018.

Transparens är alltså ett centrat begrepp i den nya klimatregimen: NDCs och uppföljningen av dessa ska vara öppna för insyn. Genomförandet av NDCs ska fortlöpande rapporteras och reviderade NDCs ska utarbetas vart femte år. Länderna ska, som det heter i PA, «bokföra» sina NDCs och därvid främja «miljöintegritet, transparens, tillförlitlighet, fullständighet, jämförbarhet och konsekvens samt säkerställa att dubbelräkning undviks» (artikel 4.13). Ett «transparensramverk» ska inrättas: varje land ska «regelbundet» rapportera sina utsläpp av växthusgaser med metod som godkänts av IPCC samt sina framsteg i genomförandet av sin NDC.

Rapporterna ska granskas «tekniskt» av «experter» som också ska identifiera områden där verksamheten behöver förbättras. Experternas granskning ska dock genomföras «på ett stödjande, icke-inkräktande, icke-bestraffande sätt med respekt för nationell suveränitet» och ska undvika att ålägga parterna «orimliga bördor» (artikel 13.4 och 13.7). I vad mån genomförandet av staternas NDCs sammantaget bidrar till uppnåendets av klimatregimens mål ska prövas vid världskonferenser vart femte år, med början 2023. Dessa översyner ska beaktas av de enskilda staterna när de reviderar sina NDCs (artikel 14). En ambitionshöjning kommer att bli ofrånkomlig eftersom de NDCs som förelåg vid PA:s tillkomst var otillräckliga för att förhindra en temperaturökning på uppemot 3 grader.[39]

Detta om vad staterna har åtagit sig, och inte åtagit sig. I fördraget framhålls gång på gång att varje stat ska bidra efter sin förmåga. Stöd ska ges till utvecklingsländerna i deras klimatarbete (artikel 4.5): de utvecklade länderna ska bistå utvecklingsländerna finansiellt (artikel 9.1) och «ta ledningen för att mobilisera klimatfinansiering från flera olika slags källor, instrument och kanaler» (artikel 9.3). Inte heller i detta hänseende specificeras emellertid enskilda länders skyldigheter.

Den klimatregim som mot bakgrund av tidigare erfarenheter organiserades i Paris kännetecknas alltså av en spänning mellan det ambitiösa, gemensamma målet och de många formuleringar som klargör att varje stat själv ska bestämma sitt bidrag, att regimen inte innebär tvång och att den inte begränsar staternas suveränitet. Betonandet av regimens begränsningar återspeglar, får man anta, de hänsyn som måste tas om världens alla stater, inklusive de störta utsläppsländerna, skulle biträda avtalet.

I slutet av 2018 hade PA ratificerats av 185 länder och hade såtillvida blivit en framgång. USA, det näst största utsläppslandet, hade återtagit sin ratifikation genom att hösten 2017 anmäla sin avsikt att frånträda avtalet, men detta dråpslag mot klimatregimen lindrades av att 22 delstater bildade en *United States Climate Alliance* för att för sin del hålla fast vid Parisavtalets målsättning och minska sina utsläpp i enlighet härmed.[40]

Den sanktion som Parisregimen underbyggs av är opinionsmässig. Det enskilda landets anseende förväntas hänga på ambitionsnivån i dess NDC och på granskningen av dess genomförande. Viktiga som påtryckningar blir de globala översynskonferenser som ska hållas vart femte år. Där kommer vikten av att uppnå det gemensamma målet att inskärpas och avståndet mellan det hittills åstadkomna och det alltjämt återstående att tydliggöras. Detta ger klimatregimen en viss tyngd trots frånvaron av annat än proceduriella åtaganden.

Den svaga punkten är inrikespolitiken i de olika staterna. Det är den som kommer att avgöra hur framgångsrik klimatregimen blir. Implementeringen av allt mer ambitiösa NDCs kommer att kräva kraftfulla åtgärder som kan förutsättas vara kontroversiella: skatter och avgifter, ransoneringar och förbud, subventioner och nerdragningar. Det gäller att i varje land finna en mix av åtgärder som är tillräckligt klimateffektiv och ändå håller ihop landet, och att göra detta i en tid som präglas av ökade motsättningar mellan storstad och landsort, högutbildade och lågutbildade, förändringsvilja och traditionalism, kunskapstro och kunskapsrelativism, globalism och nationalism. Det kan inte uteslutas att klimatregimens krav leder till ett uppror mot systemet som gör regimen självdestruktiv.

Sådan är den internationella politiken på 2000-talet: ställda inför vad de uppfattar som ett existentiellt hot konstruerar staterna en ordning som förutsätter allas lojala, engagerade medverkan under generationer framåt samt regeringar som långsiktigt får med sig sina befolkningar i en kännbar omläggning av deras liv.

Det är svårt att vara optimist. Å andra sidan: det är trots allt möjligt att den politiskt möjliga klimatregimen kan visa sig fungera som det är tänkt – inte genom direktiv utan genom diskussion. Det är också möjligt att företag, städer, regioner och enskilda kan driva på, inspirerade eller legitimerade av klimatregimens målformuleringar. Varje lokalt initiativ, varje utebliven flygresa, varje installerad solpanel kan om inte annat fungera som opinionsbildning och bidra till att stärka den internationella regim som inspirerat dem.

Mycket längre går det knappas att komma inom ramen för en politisk struktur som den mellanstatliga.

Politikens villkor

Tillbaka till utgångspunkten för kapitlet, och för boken: den etablerade föreställningen om den suveräna staten som den internationella politikens grund. Denna struktur är inte naturgiven. Det jag för länge sedan kom att kalla den traditionella teorin om internationell politik anger ingen evig nödvändighet utan ett historiskt framvuxet arrangemang. Flyktingregimens kryphål liksom klimatregimens beroende av procedurer avspeglar emellertid den vikt staterna, och folken, fortsatt att fästa vid staternas självständighet. I klimatdebatten har hävdats att situationen kräver en global despoti som tydligtvis förutsätts vara förnuftig och vägledd av bästa möjliga kunskap.[41] För min del har jag svårt att se en sådan utveckling som möjlig, eller för den delen som önskvärd.

Beror detta på fantasilöshet – på oförmåga att tänka bortom det etablerade statssystemet? Nja, i bokens slutkapitel går jag på jakt efter motmedel mot fantasilöshet i dystopisk litteratur. Det kommer att visa sig att inte ens dystopiska författare har lyckats befria sig från föreställningen att den internationella politiken fortsätter som förr trots att annat förändras.

8. Dystopier och säkerhetspolitik

Aldous Huxleys *Brave New World* (1932) brukar nämnas som portalverket för en litterär genre: den dystopiska framtidsromanen. Mest läst i denna genre är förmodligen George Orwells *Nineteen Eighty-Four* (1949). Ett sentida exempel är Omar El Akkads *American War* (2017), ett annat Kim Stanley Robinsons *Red Moon* (2018). Dessa romaner skildrar människors liv i en huvudsakligen dyster framtid och min avsikt är att studera hur politiken beskrivs i några av dem.

Ett skäl att intressera sig för litterära dystopier är en önskan att vidga sina funderingar om möjliga framtider. Detta påminner om bruket av scenarier i långsiktig planering.[1] Inte minst påminner det om hur man resonerade när detta hjälpmedel på 1960-talet infördes i svensk säkerhetspolitisk planering.

De säkerhetspolitiska scenarierna var avsedda att beskriva möjliga konfliktsituationer på grundval av prognoser om den internationella utvecklingen 15–20 år framåt. De skulle, som det uttrycktes, ange möjliga men inte nödvändigtvis troliga händelseförlopp.[2] I en rapport från Utrikespolitiska institutet, utarbetad på uppdrag av Försvarets forskningsanstalt FOA, döpte vi antagandena om den internationella utvecklingen till makroscenarier och beskrivningarna av de konkreta konfliktsituationerna till mikroscenarier.[3] Den dystopiska romanen är ett mikroscenario, alltså en beskrivning av vad som händer några specifika personer, vilket utspelas mot bakgrund av ett makroscenario för samhällsutvecklingen i stort.

Ett metodproblem i det säkerhetspolitiska scenarioarbetet befanns vara att balansera fantasifullhet mot trovärdighet. Målet var att förmå medverkande experter att tänka «fritt, rent av 'oansvarigt', bortom den horisont de i regel är bundna av». Det behövdes «konstruktiv fantasi». Samtidigt gällde det att få tankegångarna uppfattade som rimliga nog att beakta. Angående den internationella utvecklingen i stort sattes gränsen för det trovärdiga av vad som kallades det erfarenhetsprövade omdömet. I fråga om de konkreta konfliktscenarierna ansågs trovärdigheten hänga på att aktörerna betedde sig på ett sätt som tedde sig rationellt.[4] Bådadera begränsade den fantasifullhet som egentligen vore önskvärd.

Det är här skönlitterära romaner kan erbjuda något som saknas både i byråkratiska framtidsstudier och i mer akademisk framtidsforskning.[5] Den fördel en skönlitterär författare har framför planerare och forskare är en friare «konstruktiv fantasi» på makronivån och bredare tolkningsmöjligheter när det gäller aktörer på mikronivån. I romaner dominerar mikronivån men det jag ska inrikta mig på är de mer eller mindre utvecklade makroscenarier som skymtar i några litterära dystopier, det vill säga, hur författarna tänker sig det framtida samhälle i vilket mikroförloppet utspelas.

De nio romaner jag främst ska uppehålla mig vid – huvudkällorna i det följande – är

- Aldous Huxley, *Brave New World* (London: Chatto & Windus, 1932)
- Karin Boye, *Kallocain. Roman från 2000-talet* (Stockholm: Bonniers, 1940)
- George Orwell, *Nineteen Eighty-Four* (London: Secker and Warburg, 1949)
- Ray Bradbury, *Fahrenheit 451* (New York: Ballantine Books, 1953)
- Kobo Abé (Abe Kimifusa), *Inter Ice Age 4* (Tokyo: Charles E. Tuttle Company, 1970 [orig. 1959])
- Stanislaw Lem, *Fred på jorden*, övers. Martin von Zweigbergk (Stockholm: Brombergs, 1985)
- Margaret Atwood, *Oryx and Crake* (Toronto: McClelland & Stewart, 2003)
- Omar El Akkad, *American War* (New York: Alfred A. Knopf, 2017)
- Kim Stanley Robinson, *Red Moon* (New York: Orbit, 2018).

Dessa författare kommer från sex länder: USA (3), Storbritannien (2), Japan, Polen, Kanada och Sverige. Två av romanerna är skriva före eller under andra världskriget, fyra under det kalla kriget och tre under tiden därefter. Andra, minst lika välkända framtidsromaner som kommer att nämnas är

- Isaac Asimov, *I Robot* (New York: Gnome Press, 1950)
- Ayn Rand, *Atlas Shrugged* (New York: Random House, 1957)
- Arthur C. Clarke, *2001: A Space Odyssey* (London: Hutchinson, 1968).[6]

Det litterära värdet varierar mellan dessa tolv arbeten. Av de nämnda författarna sätter jag Boye och Orwell främst och är minst imponerad av Robinson och Rand. Men detta är en smaksak.

Utopier och dystopier

Begreppet utopi myntades av Thomas More i *Utopia*, utkommen 1516. Svenska Akademiens Ordbok (SAOB) definierar utopi som en tanke, idé eller föreställning om ett «idealiskt [samhälls]tillstånd» eller ett «ouppnåeligt mål». I Nationalencyklopedin (NE) definieras utopi på liknande sätt som en «litterär genre som beskriver en idealstat». Ordet är bildat av grekiskans *ou* (icke) och *topos* (plats), och enligt NE ville More med benämningen utopi markera att det han beskrev var en fantasi. I *Oxford Living Dictionary* definieras *utopia* likaså som «[a]n imagined place or state of things in which everything is perfect.» Enligt *Merriam-Webster* står *utopia* för «a place of ideal perfection especially in laws, government, and social conditions».

Begreppet dystopi daterar SAOB till 1975 och ger betydelsen «negativ framtidsvision». Enligt NE är en dystopi «i litteraturen en skildring av ett inhumant, oftast totalitärt framtida samhälle». I *Oxford Living Dictionary* definieras *dystopia* som «[a]n imagined place or state in which everything is unpleasant or bad, typically a totalitarian or environmentally degraded one.» *Merriam-Webster* definierar *dystopia* som «an imagined world or society in which people lead wretched, dehumanized, fearful lives».

Utopiska romaner kan skildra ett fiktivt lyckorike – ett Shangri-La, ett Eldorado – men att skriva en framtidsroman kan också vara ett sätt att levandegöra ett politiskt program. En sådan roman kan ge förtröstan, eller den kan erbjuda en framtidsplan. Den vetter mot religion och filosofi, eller mot politisk ideologi. Den dystopiska romanen berättar däremot, ungefär som ett säkerhetspolitiskt scenario, om en utveckling mot elände. Medan utopin ser framtiden antingen som ovillkorligt positiv eller också som beroende av att vi tar den chans som erbjuds, ser dystopin framtiden som ohjälpligt negativ eller också som möjlig att parera. Utopier förkunnar, dystopier varnar.

Skiljelinjen mellan utopier och dystopier är dock inte entydig. En utopi är ett föreställt ideal och en dystopi ett föreställt elände, men vad som är vad beror på ens värderingar. Ibland kan de flesta vara ense om saken, som i fråga om *Utopia* respektive *Nineteen Eighty-Four*. Ibland är det svårare, som när det gäller tänkta samhällen där det råder trygghet och välfärd på bekostnad av individualitet och frihet. Huruvida de framtidsromaner jag ska ägna mig åt är dystopiska kan i några fall diskuteras.

Utopier behöver inte vara framtida, knappast heller dystopier. Det finns, som Howard Segal påpekar i *Utopias*, författare som har skrivit drömskt om lyckan i enkla samhällen för länge sedan.[7] I H. G. Wells roman *A Modern Utopia* (1905) förefaller det som om huvudpersonerna tar sig fram och tillbaka mellan sitt eget samhälle och ett annat samtida, inte framtida. Åter andra skriver kontrafaktisk historia, som Philip Roth i *A Plot against America* (2004). De romaner jag ska ägna mig åt utspelas däremot i det som för författaren är framtiden – inte i historien, inte i samtiden, inte i en alternativ historia.

Hur avlägsen måste denna framtid vara för att vara intressant som tankeexperiment? Hur avlägsen *får* den vara? Sex år, som i Nevil Shutes *On the Beach* (1957) om det slutliga kärnvapenkriget 1963? Trettiofem år, som i *Nineteen Eighty-Four*? Eller tusentals år, som i Isaac Asimovs romaner om Stiftelsen (1951 och senare)?

Ett svar kan sökas med ledning av vad Segal anser känneteckna utopier: å ena sidan en föreställd radikal förändring av människornas materiella, sociala och psykologiska villkor, å andra sidan en jämförbarhet med dagens samhälle som inte tillgodoses med fantasilekar. I ett fem- eller tioårsperspektiv går det inte att leva upp till det förra kravet, i ett tusenårsperspektiv inte till det senare. Den relevanta framtidsskildringen är ingen framskrivning av aktuella tendenser men utspelas inte heller bland främmande planeter och i avlägsna galaxer. Den är varken prognos eller science fiction utan något däremellan. De framtidsskildringar jag ska säga något om är försök att med litterära medel levandegöra ett samhälle som varken är nära förestående eller obegripligt avlägset – som ligger några enstaka generationer framåt men inte tio eller tjugo.

Dystopiska romaner: politikens bakgrund

I ett arbete om användningen av scenarier i planeringsarbete anges ett antal dimensioner i en organisations omgivning som scenariokonstruktörer har att beakta.[8] När två forskare 2017 intervjuas om hoten mot mänsklig existens inom överskådlig tid nämner de särskilt klimatförändring, artificiell intelligens, ekonomiskt sammanbrott samt naturligtvis kärnvapenkrig.[9] I dystopiska romaner har det slutliga kärnvapenkriget, som i *On the Beach* av Nevil Shute (1957) och *Fail Safe* av Eugene Burdick (1962), kunnat inträffa här och nu snarare än i en avlägsen framtid, medan naturkatastrofer, skenande vetenskap och någon gång krisande ekonomier är vad som antas förändra politikens omgivning på sikt.

Naturkatastrofer. I två av de nio romanerna spelar klimatförändringen stor roll. I *Oryx and Crake*, som förefaller tilldra sig strax efter 2050, har kuststäder spolats bort, vattentäkter blivit salta, torrperioderna blivit längre, hettan blivit svåruthärdlig, vädret blivit mer instabilt och kött blivit svårt att få tag på. I *American War*, som utspelas två decennier senare, har havet lagt under sig Florida och större delen av Louisiana samt de stora städerna längs kusterna, en folkvandring har ägt rum inåt landet och USA:s huvudstad har flyttats till Columbus, Ohio. I sydöst, dit handlingen – det Andra amerikanska inbördeskriget – främst är förlagd, präglas livet av dramatiska väderskiften och outhärdlig hetta. Det som utlöser inbördeskriget är till yttermera visso den federala regeringens beslut om totalförbud av fossila bränslen.

Dessa klimatologiska dystopier från 2000-talet – det finns mycket mer i denna genre[10] – är måttfulla jämfört med vad som ett halvsekel tidigare beskrivits i *Inter Ice Age 4*. Japanska forskare söker förklaringen till de många jordbävningarna, sänkningarna av marknivån, de plötsliga väderförändringarna, de abnorma sommartemperaturerna och särskilt den radikala höjningen av havsnivån. Olika faktorer diskuteras, såväl solfläckar som CO2-utsläpp. Den gemensamma orsaken till de skilda naturfenomenen visar sig emellertid vara att vattenånga har frigjorts i stor skala från jordens inre, något som inträffar en gång på 50 miljoner år. Vi är, konstaterar forskarna, i den fjärde mellanistidens slutskede. Framöver kommer havsnivån att höjas med mer än 25 meter årligen, eller 900 meter på 40 år.

Skenande vetenskap. Skenande vetenskap och teknik är ett huvudtema i dystopisk litteratur. Det är den tekniska utvecklingen som möjliggör övervakningsregimerna i *Nineteen Eighty-four, Kallocain* och *Red Moon*, och det är den som omintetgör den snillrika planen i *Fred på jorden* (se nedan). I *I Robot* har tekniken gjort robotarna överlägsna människorna, vilket gjort robotiseringen till en politisk stridsfråga. I *Brave New World*, en värld i vilken alla är tillfreds, framställs människorna i kläckningsanstalter, där fostren formas med kemiska och psykologiska medel för skilda positioner i den sociala hierarkin och alla programmeras till att vara nöjda med sin lott.

Särskilt i två romaner är vetenskapsmännen de drivande. I *Inter Ice Age 4* förmodar forskarna att samhällsordningen bryter samman om det blir känt att nästan hela Nordamerika, Europa och Japan kommer att läggas under vatten inom ett par decennier. De hemlighåller därför vad de kommit fram till, och även politikerna hålls utanför. I stället ska det privatfinansierade *Society for the Development of Submarine Colonies* bli mänsklighetens räddning. Om det nu är mänskligheten som räddas.

Ett genetiskt utvecklingsprojekt sätts igång för snabbutveckling av landdjur till undervattensdjur med gälar. Även aborterade människofoster insamlas för att göras om till undervattensvarelser. Två generationer väntas det ta innan dessa aquater kan föröka sig själva. Projektet ska offentliggöras när skräcken för översvämningen har blivit en realitet, flertalet mödrar har fött åtminstone ett undervattensfoster och den första motviljan mot aquaterna har lagt sig.

En avancerad dator förutser den fortsatta utvecklingen. I en radioutsändning meddelar japanska regeringen att den i hemlighet har skapat ett aquatiskt samhälle. Åtta undervattensbosättningar har grundats, meddelar radion. Under åren därefter blir livet på den krympande landmassan allt mer primitivt och allt mer beroende av aquaternas stöd. Dessa bildar så småningom en regering som erkänns internationellt, liksom andra länders undervattensbosättningar. Ett litet antal landmänniskor bevaras som museal påminnelse om aquaternas ursprung.

Genetisk manipulation handlar det också om i *Oryx and Crake*. Stora, avskärmade industrianläggningar framställer i konkurrens med varandra allt mer avancerade arter. De sprider också sjukdomar som kräver botemedel på vilka pengar kan tjänas. Vid forskningsfronten finns två projekt. Det ena är utvecklingen av BlyssPuss-pillret, ett medel som ska skydda mot sexuellt överförda sjukdomar, ge obegränsad sexuell lust i kombination med energi och välbefinnande, förlänga ungdomen och fungera som preventivmedel. Det andra är skapandet av ett nytt släkte baserat på mänskliga embryon, vars medlemmar är programmerade att utvecklas snabbt, att vara immuna mot sjukdom och att dö vid trettio. De ska vara vackra och lydiga. Ingen rasism, hierarki eller territorialitet. Inga familjer, giftermål, skilsmässor, inga hus, vapen eller ens kläder. De första av dessa nya varelser finns redan.

I detta läge kommer katastrofen. Den första rapporten kommer från Brasilien, men snart inströmmar rapporter från alla håll – plötslig hög feber, blödningar från näsa och ögon, konvulsioner, kollapsade inre organ, döden. TV rapporterar direkt, politiker håller lugnande tal, men människorna flyr från städerna, kaos breder ut sig och på några veckor har sjukdomen spritt sig överallt och nästan hela mänskligheten dött. Pandemin visar sig ha sitt ursprung i BlyssPuss-pillret, vilket spritts över världen i en vetenskapsmans avsikt att överlämna denna till de nya varelser han skapat – varelser som i sin lugna lycka påminner om dem som är målet i *Brave New World* och, som vi ska se, även i *Fahrenheit 451*. Är detta en galning, frågar sig bokens huvudperson som tror sig vara världens sista människa. Eller är detta en hederlig person som tänkt igenom saker och ting till deras logiska slut?

Ekonomisk kollaps. Ekonomiska förhållanden spelar roll i några av romanerna. I *Red Moon* revolterar människorna i USA mot Wall Streets makt genom att ta ut alla sina besparingar från bankerna och placera dem i kryptovalutor, något som leder till kaos i ekonomin. I *Onyx and Crake* samverkar företag och vetenskap så att mänskligheten blir mer eller mindre utrotad. I *Brave New World* har Nioåriga kriget lett till ett ekonomiskt sammanbrott som gjort världsstaten oundviklig. Men bara i *Atlas Shrugged* är en misskött ekonomi i sig orsak till samhällets sönderfall. Eskalerande ekonomisk kris i USA leder till politisk kollaps, detta som konsekvens av en politisk reglering av ekonomin som gynnat dumhet och inkompetens. Det antyds att statligt förtryck förkvävt ekonomierna även i Europa och Latinamerika.

Någon total dystopi är *Atlas Shrugged* dock inte. Uppe i bergen finns partisaner som ska göra USA till vad det en gång varit – ett frihetligt land där den innovativa företagaren är hjälte, inte den inskränkta politikern. En utopi skymtar längst bort i tunneln, vilket inte är ovanligt ens i den mest dystopiska roman.

Dystopisk stormaktspolitik

De internationella relationer som antyds i några av de dystopiska romanerna är framskrivningar av begränsat intresse för den scenarioförfattare som vill vara fantasifull. I *Inter Ice Age 4* pågår en total förändring av människans livsvillkor men den internationella politiken förblir som förut – en motsättning mellan USA och Sovjetunionen samt ett Japan som ägnar sig åt ekonomi. Den internationella politiken i *2001* är ungefär likadan: rivalitet mellan USA och Sovjetunionen men med Kina som uppstickare.

Andra författare föreställer sig radikal förändring inom ett fåtal decennier. Startpunkten i *Nineteen Eighty-Four* är ett kärnvapenkrig på 1950-talet. Ur förödelsen framträder tre superstater: Oceania som tillkommer genom att USA uppslukar brittiska imperiet, Eurasia som uppkommer genom att Ryssland uppslukar Europa samt Eastasia som bildas av Kina, Japan och Sydasien. Mellan dessa tre förs ständiga krig med skiftade allianser av två mot en. Krigshysteri är ett permanent inslag i människornas tillvaro och raketbeskjutning av storstäderna en del av deras vardag. Krigen är emellertid mer begränsade än tidigare och utkämpas huvudsakligen i Afrika och ute på haven, och de förs inte för att besegra fienden utan för att hålla igång produktionen och legitimera auktoritärt styre.

I *Kallocain*, som utspelas på 2000-talet, utkämpas kriget mellan Universalstaten och Världsstaten. Huvudpersonen, kemisten Kall som till en början levat och verkat i Världsstaten, tillbringar 20 år som tvångsarbetare efter det att hans område erövrats av Universalstaten.

Även i *Fahrenheit 451* står kriget för dörren. Vi befinner oss i USA omkring millennieskiftet, att döma av några antydningar. Bombplan korsar himlen. Vi har mobiliserat en miljon man, säger radion. Någon dag senare: «Krig är förklarat!» Sedan: kriget både börjar och slutar på ett ögonblick, under vilket storstaden i huvudpersonens närhet förvandlas från metropol till skrothög.

Kriget i *American War* är det Andra amerikanska inbördeskriget, vilket inleds 2074 (se nedan), men det framgår att även de internationella maktförhållandena har ändrats. USA är dramatiskt försvagat och supermakter är numera dels Kina, dels Bouazizi-imperiet som sträcker sig från Marocko till Kaspiska havet och har Kairo som huvudstad. Därtill kommer Ryska Unionen, som expanderat i Sydasien och lagt under sig Bangladesh. Om Europa får vi veta att man från den algeriska kusten kan se småbåtar fulla med flyktingar på väg norrifrån över Medelhavet.

I *Red Moon* domineras världen omkring år 2050 av ett högteknologiskt Kina tillsammans med USA. En del av händelseförloppet utspelas på månen. Kina intar där en dominerande position som resultat av Xi Jinpings beslut 2022 att göra månen till föremål för kinesisk utveckling «som del av den kinesiska drömmen». Med en satsning större än USA:s har Kina etablerat sig kring månens sydpol, medan USA, EU, Ryssland och andra samverkar i området kring nordpolen. Trots rivaliteten råder fredliga förhållanden till följd av 1967 års fördrag om yttre rymden, vilket föreskriver demilitarisering och förbjuder nationell ockupation. «Alltid artigt att lämna utrymme åt andra» konstaterar för övrigt Ta Shu, en av bokens huvudpersoner, som är specialist på fengshui. Även på jorden har emellertid stormaktskrig undvikits, detta till följd av Kinas och USA:s ömsesidiga ekonomiska beroende.

Två av romanförfattarna går längre genom att avskaffa staterna för att ersätta dem med en världsregering. Bakgrunden i *Brave New World* är Nioåriga kriget, vilket förefaller ha ägt rum under första hälften av 2000-talet, varefter en världsstat har bildats ledd av tio «kontrollörer». På liknande sätt med novellerna i *I Robot*, vilka utspelas under tiden fram till 2057: jorden är indelad i fem regioner med var sin «koordinator», av vilka en valts till Världskoordinator.

Återstår den av de nio romanerna i vilken den internationella politiken är huvudsaken: Stanislaw Lems halsbrytande *Fred på jorden*. Lem skildrar ett storskaligt försök att äta upp kakan och ha den kvar – att fortsätta kapprustningen men avskaffa kriget. Försöket misslyckats och till sist «återstår endast Clausewitz».

Grunden är den militärtekniska utvecklingen. Mot slutet av 1900-talet står det klart att levande soldater kommer att ersättas av allt dyrare automater samtidigt som atomkrigföring kommer att nödvändiggöra allt mindre system. Ett stycke in på 2000-talet blir mikroarmén – en jättelik mängd komponenter för förprogrammerad självmontering – den operationella enheten. Under mikroarméernas första tid är det människor som konstruerar dessa vapen men så småningom övertar datasystemen även detta.

Mot denna bakgrund ingås en Genèvekonvention om avrustning, enligt vilken alla rustningar överflyttas till månen. Transporten dit av vapensystemen äger rum genom Lunar Agency, ett överstatligt organ inom FN. Vad varje stat har rätt att utplacera är fastställt i avtal, och utplaceringen övervakas av internationella kommissioner. Nationella experter får möjlighet att på månen konstatera att deras anordningar fungerar men återvänder sedan samtidigt till jorden. Deras vapensystem kan fortsätta att utvecklas men endast genom självoptimering.

Varje stat har alltså behållit en vapenarsenal som dessutom ständigt förbättras, men eftersom ingen längre vet hur vare sig den egna eller fiendens kapacitet har utvecklats kan ingen ta risken att starta ett krig. Doktrinen om total okunnighet, som detta kallas i boken, säkrar freden trots att rustningarna fortsätter.

På månen sker emellertid en utveckling som ingen föreställt sig. Dataprogram från olika nationella sektorer äter sig in i varandra, vilket leder till ömsesidig, planlös förstörelse. När månprojektets misslyckande blir uppenbart flyttar kapprustningen tillbaka till jorden. «Endast Clausewitz återstår», säger en forskare.

Till det som utvecklats på månen hör pulverformade selenocyter, program som förstör andra program. Dessa sprider sig till jorden och allt slutar fungera. Vi är tillbaka på 1800-talet, säger någon, det vill säga i ett tillstånd där all infrastruktur har gått till spillo. När till sist ett botemedel mot selenocyt-pandemin upptäcks tas gamla planer fram ur biblioteken, konventionella vapen återuppbyggs, datorerna som stått där utan programvara tas i bruk och «världen kommer att ge sig in i nästa knipa».

Av de dystopiska romanerna är några «realistiska» och andra «idealistiska», för att använda dessa standardbegrepp i internationell politik. Å ena sidan oupphörlig stormaktskonflikt med återkommande krig som i *Nineteen Eighty-Four* och *Kallocain*, å andra sidan global organisering som i *Brave New World* och *I Robot*. Däremellan fredlig maktbalans i hägnet av ömsesidigt beroende som i *Red Moon*. Återstår *Fred på jorden*, i vilken en «idealistisk» utopi blir en «realistisk» dystopi.

Dystopisk politik: det totalitära samhället, och det trasiga

Alltsedan Huxley är det totalitära samhället ett huvudtema i dystopisk litteratur. Inte bara metoderna för förtrycket utan också dess syfte varierar emellertid: ibland lugn och ro, ibland gemenskap, ibland makten i sig.

Grunden för samhället i *Brave New World* är som framgått biologisk. I ett år 1947 nyskrivet förord skriver Huxley att han, när boken gavs ut 1932, hade tänkt sig en utveckling som skulle ta sex hundra år men att det nu föreföll tänkbart att «skräckbilden kommer att ha brutit in inom ett enda århundrade», alltså före 2050. En verkligt effektiv totalitär stat, hävdar han 1947, är den «i vilken den allsmäktiga gruppen politiska bossar och deras medhjälpare kontrollerar en grupp slavar, som inte behöver tvingas, därför att de älskar sin träldom». Framtidens viktigaste storskaliga forskningsprojekt, skriver han ironiskt, gäller «lyckans problem», det vill säga hur man ska få folk att älska sin träldom.[11]

«Lyckans problem» har lösts i det samhälle som skildras i *Brave New World*. För den världsstat som tillkommit efter Nioåriga kriget är stabilitet huvudsaken. Människorna, framställda i laboratorier, är biologiskt och psykologiskt programmerade till att vara nöjda. De pre-moderna människorna hade varit galna, fördärvade, olyckliga: mödrar och älskare, frestelser och samvetskval, sjukdomar och plågor, osäkerhet och fattigdom. Nu vet man bättre: ingen civilisation utan social stabilitet, ingen social stabilitet utan individuell stabilitet. Kyskhet, kärlek och trohet är ord som inte längre används. Ålderdomens problem har avskaffats: livet tar slut plötsligt, utan åldrande. I sista hand finns drogen soma till hands för den som behöver ta ledigt från verkligheten.

Det som ska undvikas är förändring. Varje förändring hotar stabiliteten och därför måste även vetenskapen hållas under kontroll. Vi har den stabilaste jämvikten i historien tack vara vetenskapen, säger en företrädare för regimen, men vi kan inte låta vetenskapen riva upp sitt eget goda verk. Ett lugnt liv är inte bra för sanningen, men det är bra för lyckan.

Fahrenheit 451 skildrar en annan lösning på «lyckans problem». Ett stycke in på 2000-talet tillbringar människorna tiden med såpoperor projicerade på vardagsrummens väggar eller med musik och prat i hörsnäckor. Böcker är förbjudna, och brandkårens uppgift har blivit att spåra upp och bränna böcker och, i allvarliga fall, det hus i vilket böckerna återfunnits. Det är ingen påtvingad diktatur som skildras utan en ordning som frambringats av de vanliga människorna. Så här lägger en brandkapten ut texten:

Förr intresserade böcker några få, och de kunde kosta på sig att vara olika. Med masskulturen kom emellertid standardisering. Tempot ökade: böckerna blev kortare, tidskrifter ersattes av tabloider, klassiker blev nerskurna till femton minuters radioshower och blev sedan resuméer i uppslagsböcker. Till sist gick allt så fort att allt försvann.

Vartill kom alla de minoriteter som inte fick trampas på tårna. Ju större marknad desto mindre kontroversialitet. Böcker, skrev en snobbig kritiker, hade blivit diskvatten. Intet under att folk nöjde sig med serie- och porrmagasin. Detta var inte något diktat uppifrån utan en följd av teknologi, massexploatering och minoritetstryck.

Uppgiften är att skydda allas sinnesfrid och undanröja risken för att någon ska behöva känna sig underlägsen. Om man inte vill göra en människa olycklig ska man inte ge honom två sidor av en sak utan en, eller helst ingen. Låt människorna slippa oroa sig över krigen och regeringarna. Ge dem trivial information, inte knepigheter som filosofi eller sociologi vilka bara leder till melankoli. Det gäller att stoppa den lilla grupp som vill göra alla olyckliga med motstridiga teorier och tankar.

Massamhället som dystopi. Dock finns, som ibland i dystopier, en ljusglimt vid tunnelns slut. Ute i skogen lever människor som dragit sig undan civilisationen, de flesta med bakgrund som professorer vid elituniversitet eller som framträdande intellektuella. Efter det förödande kriget ska dessa lodisar, som memorerat böcker med fotografiskt minne, på ruinerna återuppbygga det som funnits för länge sedan. Som fågel Fenix, säger någon.

Om sinnesfrid är det hyllade värdet i Bradburys dystopi är gemenskap det i Boyes. *Kallocain* utspelas i ett standardiserat och kollektiviserat samhälle. Kemisten Kall och hans hustru bor med sina tre barn i en standardvåning, till vilken maten levereras från det gemensamma husköket. Som andra har de tre uniformer: en för arbetet, en för fritiden och en för den militär- och polistjänst som alla ska utföra («medsoldater» är vad alla kallas). Sonen är åtta och bor därför på «barnlägret», varifrån han kommer på tillfälliga besök. De två yngre döttrarna tillbringar dagarna på «barnvåningen». Normalt separerar föräldrar när hela barnkullen är redo för barnlägret, varefter de gifter om sig för att bilda nya kullar.

Samhället bygger på övervakning. På väggen i sovrummet sitter «polisörat» och «polisögat», och hemhjälpen har till uppgift att varje kväll avrapportera vad hon uppfattat. Finessen med drogen Kallocain är att den får varje människa att avslöja sina innersta tankar. «Det är sista resten av vårt privatliv som nu går», säger en kollega. Det är «den stora gemenskapen» som står nära sin fullbordan, svarar Kall.

Det var och en får lära sig om det som kallas samhällskroppen är att denna «från en planlös hord» har utvecklats till «den högst organiserade och differentierade av alla former»: Världsstaten. Utvecklingen har gått från individualism till kollektivism, från ensamhet till gemenskap — «så hade vägen varit för denna jättelika och heliga organism, i vilken den enskilde bara var en cell utan annan betydelse än att den tjänade organismens helhet». Kallocainet har vidgat gemenskapen till det inre och har lagt grund för en lagstiftning av «mer djuplodande art än världshistorien tidigare känt: lagstiftningen mot statsfientliga tankar och känslor».

Grunden för Statens existens, förklarar Kall, är «vår ömsesidiga välgrundade misstro till varandra». Samhällslivet har utvecklats «från den primitivaste splittring, där de enskilda, var för sig ett ensamt centrum, levde i ständig osäkerhet – osäkerhet gentemot naturens makter och osäkerhet gentemot andra likadana ensamma centra – och till den färdiga Staten, som var de enskildas enda mening och berättigande och skänkte dem en säkerhet utan vank och lyte.» Alltså: «Staten är allt, den enskilde intet.»

Från detta till den totalitära diktatur som väntar enligt *Nineteen Eighty-Four.* I Oceaniens topp finns, som Orwells många läsare vet, Big Brother som är den skepnad i vilken det enda partiet Ingsoc (English Socialists) framträder. Närmast under Big Brother kommer Inre Partiet, vilket omfattar omkring 2 procent av befolkningen, och därunder Yttre Partiet, Inre Partiets verkställande tjänstemän, med omkring 13 procent. Återstående 85 procent är *proles.* Allra underst, under *proles,* finns slavarna, det vill säga människorna i de omstridda områdena runt ekvatorn. Regeringsmakten är uppdelad på sanningsministeriet (nyheter, underhållning, utbildning, kultur), fredsministeriet (krig), kärleksministeriet (lag och ordning) samt överflödsministeriet (ekonomi).

Tyranniets grund är utvecklingen från tryckkonsten via film och radio till television och avlyssning. Det har blivit möjligt att framtvinga inte bara lydnad utan också åsiktsgemenskap. Kontrollen över *proles* är måttlig; de lever, får vi veta, sina enkla liv, generation efter generation, utan insikt om att något kunnat vara annorlunda. Vilka åsikter *proles* går omkring med saknar betydelse; «de kan ges intellektuell frihet eftersom de inte har något intellekt». De som utsetts till partimedlemmar övervakas däremot överallt av *telescreens* som inte bara ger dem det som regimen vill sprida utan också registrerar deras ljud och rörelser. Övervakningen är total, angivelser är legio och överträdelser leder till ingripanden av tankepolisen följda av fångenskap, tortyr och utradering.

Av partimedlemmarna krävs inte bara de riktiga åsikterna utan också de rätta instinkterna. Partiet har tre metoder för att åstadkomma detta – Ingsoc:s heliga principer, som de kallas: *newspeak, doublethink* och *the mutability of the past*. Syftet med *newspeak,* Oceaniens officiella språk, är att minska det möjliga tänkandet genom att omöjliggöra andra tankar än dem Partiet vill ska tänkas. *Doublethink* är förmågan att hysa två motstridiga föreställningar och godta båda – att veta att någonting är felaktigt men samtidigt vara övertygad om att det är riktigt. Meningen med *the mutability of the past* är att det inte ska finnas någon annan historia än den Partiet bestämmer: all historisk evidens förstörs, ny konstrueras efter behov, den tidigare verkligheten utraderas, det enda som finns är den för tillfället legitima föreställningen.

Det som driver Partiet, får vi veta, är makten för dess egen skull. Nazisterna och kommunisterna hade använt liknande metoder, men de hade inte erkänt sina motiv utan hade inbillat sig att de utövade sin makt för att åstadkomma ett bättre samhälle. Men detta erkänner Partiet. Den civilisation Partiet skapar är grundad på hat – på fruktan, raseri, förnedring. En värld av maktkamp som kommer att vara för evigt. Inget ljus i tunneln.

Det högteknologiska samhälle som skildras i *Red Moon* är Kina vid mitten av 2000-talet – ett övervakningssamhälle där var och en hålls under observation på flera olika sätt (2010-talets «sociala kredit»-system är ingenting mot vad som förestår).[12] Den tekniska och organisatoriska komplexiteten är emellertid sådan att man inte kan tala om någon Big Brother. De sjuttiotre säkerhetsorganen saknar central ledning. Det som råder kallar en huvudperson för övervakningens balkanisering, en följd av partiets många improvisationer.

Över huvud taget saknar partiet, och därmed landet, auktoritativ ledning. Efter Xi Jipings regim pågår en maktkamp mellan «liberalerna» och den «nya vänstern». De senare längtar tillbaka till en tidigare epok, till Mao; en del av dem önskar en ny kulturrevolution. Den «nya vänsterns» grund är klasskillnaden mellan den etablerade stadsbefolkningen och migranterna från landsbygden – de exploaterade, de orepresenterade, en tredjedel av befolkningen. Åter citeras sådant som sades vid revolutionen 1911, under kriget mot Japan, under revolutionen därefter. Många citerar Mao. En huvudperson i romanen jämför Kina med USA. Båda är i själva verket enpartisystem, säger han – USA:s parti är marknaden. Och i båda blir människorna allt argare eftersom enpartistater alltid är korrupta.

Inför kommunistpartiets 25:e kongress skärps den politiska krisen. Deltagare i den revolutionära rörelsen arresteras. Sju armédivisioner beordras till Beijing. Inbördeskrig hotar. Miljoner marscherar mot Himmelska Fridens torg. Samtidigt marscherar fyra miljoner mot Washington DC, där nationalgardet mobiliserats. En kinesisk bedömare filosoferar: i båda länderna drivs människorna av «de sex kraven» – mat, vatten, skydd, kläder, sjukvård, utbildning – och i båda försvaras det bestående av en «höger» med stöd av delar av krigsmakten.

I både Beijing och Washington leder emellertid konfrontationen till minimal användning av våld. På båda sidor nöjer sig armén med att hålla sina positioner. Populistisk revolution är det ljus som skymtar i *Red Moons* dystopiska tunnel. Om nu inte revolutionen, som tidigare i historien, visar sig leda ur askan i elden.

Inbördeskriget är inte bara ett hot utan en realitet i *American War*. Det Andra amerikanska inbördeskriget utspelas 2074–2095. Det som utlöser kriget är *Sustainable Future Act*, framlagd av president Daniel Ki – ett dråpslag mot oljeindustrin och livsstilen i sydstaterna. I oktober 2074 utträder Texas, Mississippi, Alabama och Georgia ur unionen och bildar FSS (Free Southern States) med Atlanta som huvudstad. Därmed är kriget igång.

Efter ett års krig mellan de Röda i söder och de Blå i norr har USA:s karta förändrats, och inte bara genom höjningen av havsnivån och bildandet av FSS. Texas har erövrats av Mexiko och norr om den förra gränsen har bildats ett mexikanskt protektorat som inkluderar södra Kalifornien.

Så småningom stabiliseras fronten längs FSS' nordgräns mot Tennessee. Kriget fortsätter emellertid år efter år i form av rivaliserande röda motståndsgruppers gerillakrig mot de Blå. De Röda får hjälp utifrån med förnödenheter och vapen, särskilt av Bouazizi Union, vars strävan är att försvaga USA genom att hålla igång inbördeskriget.

Om politiken på nordsidan, i det ursprungliga USA, får vi inte veta så mycket, men det tycks som om landet fungerar ungefär som förut med president och kongress. Inom FSS fördjupas däremot motsättningarna mellan regimen i Atlanta, som är inriktad på en fredlig uppgörelse, och skilda motståndsgrupper. När till sist en förhandlingslösning ska befästas vid en ceremoni i Charleston nästlar sig en medlem av en motståndsgrupp in i staden och släpper lös en farsot som en virolog utvecklat och som kommer att döda 110 miljoner människor under loppet av tio år («the Reunification Plague»). Ännu en dystopisk roll för biokemi.

Påminnelser till scenariokonstruktörer

Anta nu att vi försöker se framåt ungefär som författare till säkerhetspolitiska scenarier. Vi utesluter ingalunda en lyckosam utveckling men den uppgift vi förelagt oss är inte att glädja oss åt möjligheter utan att överblicka risker. Uppgiften är att resonera långsiktigt, vilket gör det angeläget att undvika vanetänkande. En påminnelse så god som någon om vikten av att komplettera det erfarenhetsbaserade omdömet med oansvarig fantasifullhet är det för nästan alla bedömare oväntade i det kalla krigets plötsliga slut och Sovjetunionens snabba upplösning; jag och andra fortsatte in i det sista att resonera som om det kalla krigets bipolaritet skulle vara för evigt.[13]

Dystopiska romaner kan fungera som motmedel mot fantasilöshet. Naturligtvis inte bokstavligt och i detalj – alla inser att det aldrig blir exakt som i *Nineteen Eighty-Four* men Orwells arbete kan ändå säga något om en möjlig framtid.[14]

Läsaren av dystopiska romaner påminns om att framtidstänkande som inte räknar med möjligheten av radikal förändring av den fysiska miljön, revolutionerande tekniska förändringar och djupgående ekonomiska kriser inte är mycket att bry sig om. Om detta är emellertid alla medvetna. Det är knepigare vad man ska föreställa sig om politiken.

I dystopisk litteratur finns både den globala överstaten och den totala stormaktskonflikten. Det finns anledning påminna om att båda föreställningarna är dystopiska, även den förra. Båda är motsatser till det slags liberala internationalism som varit mångas förhoppning sedan Versaillesfreden 1918, eller egentligen sedan Immanuel Kant publicerade *Om den eviga freden* 1795 – en fredlig värld av självständiga stater i hägnet av internationell organisering och transnationella relationer. Den globala överstaten gör slut på den nationella självständigheten medan fortsatt stormaktsrivalitet innebär att världen förblir som förr fast med allt mer förödande vapen.

Ingenting är omöjligt, men möjligtvis är den globala överstaten tillräckligt osannolik för att vi ska kunna utesluta den ur våra framtidsfunderingar. Man ska ta det försiktigt med att skriva fram tendenser, men i en tid av nationalistisk väckelse runt om i världen är det trots allt svårt att föreställa sig detta förbytt till sin motsats. Såtillvida kan vi nog räkna med business as usual.

Vad som däremot kan förändras, kanske radikalt, är vilka de dominerande makterna kommer att vara. Här erbjuder den dystopiska litteraturen en provkarta av möjligheter. Vi bör räkna med möjligheten av avgörande maktförskjutningar mellan dagens stormakter (Kina som dominerande makt även i Europa och Afrika, till och med på månen), sönderfall av någon av dem (alltsedan presidentvalet 2016 diskuteras uppsplittring av USA i två, tre eller till och med fyra statsbildningar), sammanslagningar av mindre stater till större (kanske i arabvärlden, kanske i Latinamerika). I detta hänseende är läsning av litterära dystopier ett motmedel mot vanetänkande.

Detta gäller även i fråga om stormakternas inre förhållanden. Vi kan inte utesluta möjligheten av uppror, inbördeskrig och kaos, men om det är något som läsaren av dystopiska romaner påminns om är det möjligheten av övervakningssamhällen och indoktrinering. När vi tänker framåt behöver vi räkna med att även dagens demokratier kan bli stater där medborgarna övervakas och deras tankar kontrolleras, och detta långt effektivare än i Hitlers Tyskland, Stalins Ryssland och Maos Kina. Vi kan inte utesluta att detta slags politiskt system vinner anklang inom, ja, drivs fram av en opinion som önskar lugn, ro och trivsel i stället för problematisering, oenighet och oro. Vilket kan betyda att regimerna, alla regimer, får större möjlighet att göra som de vill, inklusive att starta storkrig, utan att störas av någon politisk opposition, ifrågasättande akademi eller obstinat kulturdebatt.

Är det i denna riktning vi är på väg? I en del länder har tendenser som omväxlande kallas nationalistiska, högerextremistiska och populistiska vunnit stöd i reaktion mot högutbildade och intellektuella. Det är inte säkert att öppenheten och rationalismen kommer att segra.

Noter

Förändrad men sig lik: inledning

1 Kjell Goldmann, *Det internationella systemet: en teori och dess begränsningar* (Stockholm: Aldus/ Bonnier, 1978).
2 Det traditionella resonemanget utvecklas på olika sätt i två statsvetenskapliga klassiker: Hans J. Morgenthau, *Politics Among Nations: The Struggle for Power and Peace* (New York: Alfred A Knopf, [1948] 1961), och Kenneth N. Waltz, *Theory of International Politics* (New York: McGraw-Hill, 1979). Båda framställer sina teser i deterministiska ordalag som om det var fråga om nödvändigheter men båda tar tillbaka determinismen i andra passager. Om detta se kapitlet om Morgenthau och Waltz i min *Politiska personer* (Stockholm: Hjalmarson & Högberg, 2010), 114–130, samt min «Theories, Truisms and Tools in International Relations», i Fredrik Bynander & Stefano Guzzini, red, *Rethinking Foreign Policy* (London: Routledge, 2013), 59–67.

1. De största härarna och den internationella ordningen

1 Citerat efter *Svenska Akademiens Ordbok*, uppslagsordet «stormakt».
2 En klassisk formulering finns i Herbert A. Simon, «Notes on the Observation and Measurement of Power», *Journal of Politics* 15(1953), 500–518, en annan i Robert A. Dahl, «The Concept of Power», *Behavioral Science* 2(1957), 202–203.
3 För en diskussion av maktindikatorer se min *Det internationella systemet*, 83–92.

2. Hur man blir en stat: folkets självbestämmande?

1 Ett ofta citerat, klassiskt arbete om nationalstatens framväxt är Ernest Gellner, *Nations and Nationalism* (Ithaca NY: Cornell University Press, 1983). Exempel på olikartade bidrag från senare år är Daniel Ziblatt, *Structuring the State: The Formation of Italy and Germany and the Puzzle of Federalism* (Princeton: Princeton University Press, 2006), Andreas Wimmer & Yuval Feinstein, «The Rise of the Nation-State across the World, 1816 to 2001», *American Sociological Review* 75 (2010):5, 764–790; Anthony Pick, *The Nation State: An Essay* (thenationstate.co.uk/TheNationState.pdf), 2011; Clemens Kroneberg & Andreas Wimmer, «Struggling over the Boundaries of Belonging: A Formal Model of Nation Building, Ethnic Closure, and Populism», *American Journal of Sociology* 118 (2012), 176–230; Jens Bartelson, *War in International Thought* (Cambridge: Cambridge University Press, 2018).
2 För en översikt över självbestämmande som rättslig fråga se Daniel Thürer & Thomas Burri, «Self-Determination», i *Oxford Public International Law* (opil.ouplaw.com).
3 Se t.ex. Rainer Bauböck, «Why secession is not like divorce», i Kjell Goldmann, Ulf, Hannerz & Charles Westin, red, *Nationalism and Internationalism in the Post-Cold War Era* (London: Routledge, 2005), 216–243.

4 Mikulas Fabry, *Recognizing States: International Society and the Establishment of New States since 1776* (Oxford: Oxford University Press, 2010), 11.
5 Fabry, 2–4.
6 ushistory.org/declaration/document/
7 Henry Kamm, «At Fork in Road, Czechoslovaks Fret», *New York Times* 921009.
8 Utförligare i min *Femton politiska begrepp* (Lund: Studentlitteratur, 2013), 173–175.
9 Undersökningen genomfördes i samarbete mellan Tami Steinmetz Center for Peace Research vid universitetet i Tel Aviv och Palestinian Center for Policy and Survey Research. Se «The Palestinian-Israeli Pulse: A Joint Poll» (pcpsr.org). För en detaljerad genomgång av alternativen se Judy Maltz, «Two States, One and Other Solutions to the Israeli-Palestinian Conflict», *Haaretz* 190610.
10 «Bougainville referendum: region votes overwhelmingly for independence from Papua New Guinea», *The Guardian* 191210.
11 Alistair Horne, *A Savage War of Peace: Algeria 1954-1962* (London: Macmillan, 1977), 98.
12 Se Michael Walzer, *Just and Unjust Wars* (New York: Basic Books, 1977).
13 *Inaugural Address 1861* (presidency.ucsb.edu/ws/index.php?pid=25818>).
14 *Reference re Secession of Quebec, 1998*, Judgments of the Supreme Court of Canada, case 25506.
15 *Agreement between the United Kingdom Government and the Scottish Government on a referendum on independence for Scotland*, 121015.

3. FN som politisk aktör: Jerusalem

1 A/RES/73/22 (2017).
2 A/RES/181(II).
3 israelipalestinian.procon.org/view.resource.php?resourceID=000636#chart2
4 A/364 (UN Special Committee on Palestine, Report to the General Assembly), part II.
5 A(RES/194(III).
6 A/AC.25/Com.Jer/9, A/AC.25/Com.Jer./SR.33
7 Detta enligt Simon Sebag Montefiore, *Jerusalem: The Biography* (London: Weidenfeld & Nicolson, Kindle edn), kap 52.
8 A/RES/303 (IV).
9 Tom Segev, *1967: Israel, the War and the Year that Transformed the Middle East* (London: Abacus, 2008), 404.
10 Segev, 418–419, 424–425, 441–442.
11 Segev, 520–522.
12 A/RES/2253 (ES-V).
13 A/RES/2254 (ES-V).
14 S/RES/242 (1967).
15 knesset.gov.il/laws/special/eng/basic10_eng.htm
16 S/RES/476 (1980).
17 S/RES/478 (1980).
18 A/RES/ 37/123 (1982).
19 A/RES/38/180 (1983).
20 historycentral.com/Israel/documents/Oslo.html

21 kinghussein.gov.jo/peacetreaty.html
22 jewishvirtuallibrary.org/map-of-the-proposed-division-of-jerusalem
23 Montefiore, kap 54.
24 A/RES/72/15.
25 Public Law 104–45, 104th Congress.
26 whitehouse.gov/briefings-statements/statement-president-trump-jerusalem/
27 Resolution ES10/L.22.
28 en.wikipedia.org/wiki/Holy_city

4. Väljarna och utrikespolitiken: indifferens?

1 scb.se/hitta-statistik/statistik-efter-amne/demokrati/allmanna-val/allmanna-val-valundersokningen/pong/tabell-och-diagram/viktiga-fragor-for-partivalet-19792014.-procent
2 svt.se/special/valu2018-valjarnas-viktigaste-fragor/
3 Det följande går tillbaka på ett resonemang som på 1980-talet utvecklades inom ett projekt med forskare vid universiteten i Stockholm och Umeå. Se Kjell Goldmann, Sten Berglund & Gunnar Sjöstedt, *Democray and Foreign Policy: The Case of Sweden* (Aldershot, Hants: Gower, 1986).
4 Referenser till citaten finns i Goldmann, Berglund & Sjöstedt, 1–9.
5 Neutralitetspolitiken och «affärerna» behandlas i min *Individualistisk gemenskap Sju samhällsparadoxer* (Borås: Recito Förlag, 2016), 72–85.
6 Om väljarnas viktigaste frågor 1988–2017 se Johan Martinsson & Marcus Weissenbilder, «Viktiga valfrågor i Sverige— från miljö till invandring», i Ulrika Andersson, Anders Carlander, Elina Lindgren & Maria Oscarson, red, *Sprickor i fasaden* (Göteborg: SOM-institutet, 2018), 121.
7 «Höjd ribba i miljöpolitiken. Granskning av riksdagspartiernas miljölöften inför valet 2018» (Naturskyddsföreningen, 2018).
8 James G. March & Johan P. Olsen, *Rediscovering Institutions* (New York: The Free Press, 1989) samt deras «Institutional Perspectives on Political Institutions,» *Governance* 9 (1996): 3, 247—264. March och Olsen skiljer mellan en «logic of consequences» och en «logic of appropriateness». Termen identitetslogik för att beteckna det senare är min, inte deras.
9 Intervju i *Dagens Nyheter* 150116.
10 SOU 2016:10.
11 ipcc.ch/about/structure/
12 unfccc.int
13 SOU 2007:10, 90–94.
14 Jacob Poushter & Christine Huang, *Climate Change Still Seen as the Top Global Threat, but Cyberattacks a Rising Concern* (Pew Research Center, 2019).
15 svt.se/datajournalistik/euvalu2019/valjarnas-viktigaste-fragor/

5. Muslimer, mångkultur, proportioner

1 queensu.ca/mcp/

2 Formuleringen är inte skriven så att den är begränsad till att gälla de fem grupper som Sverige officiellt erkänt som nationella minoriteter (samer, judar, romer, sverigefinnar, tornedalingar) utan får anses innefatta dem som en jurist i en analys av minoritetsskydd kallar «i senare tid invandrade grupper av många skiftande folkslag» (Gustaf Petrén, «Minoritetsskydd i en modern författning», *Svensk Juristtidning* 72 [1988], 711).
3 Citatet är från Sverigedemokraternas hemsida 2013 (sverigedemokraterna.se/vara-asikter/).
4 Stockholms Tingsrätt, dom i mål T7324-08.
5 TT 100208.
6 TT 100208.
7 *Göteborgs-Posten* 101211.
8 *Sydsvenskan* 100210.
9 *Sölvesborgs-Tidningen* 100210.
10 *Svenska Dagbladet* 100222.
11 Riksdagens protokoll 2015/16:96.
12 *Dagens Nyheter* 160424.
13 Hässleholms tingsrätt, dom 150408.
14 *Sydsvenskan* 160922.
15 *Kvällsposten* 180411.
16 *Metro UK* 161220.
17 «Citizenship put on hold for 'no-handshake' Muslim boys», *swissinfo.ch* 160418.
18 *Dagens Nyheter* 190204.
19 «In Toronto, a Neighborhood in Despair Transforms Into a Model of Inclusion», *New York Times* 160228.
20 *Svenska Dagbladet* 090309
21 *Helsingborgs Dagblad* 150828
22 *Gefle Dagblad* 111122
23 *Aftonbladet* 160312.
24 *Tidningen Grundskolan* 161203.
25 *Aftonbladet* 160828.
26 Sveriges Radio 170204.
27 ECHR Press Release 005 (2017).
28 Susanne Olsson & Simon Sorgenfrei, red, *Islam: en religionsvetenskaplig introduktion* (Stockholm: Liber, 2015).
29 *Berliner Zeitung* 170611.
30 *Dagens Nyheter* 191023.
31 Antony Giddens, *Introduction to Sociology* (New York: Norton, 1991).
32 Ulf Hannerz, *Café du Monde. Platser, vägar och människor i världsvimlet* (Stockholm: Carlsson, 2011), 58.
33 *Europe's Growing Muslim Population* (Pew Research Center, 2017). I övriga EU var andelen muslimer störst i Bulgarien (11,1 %) och Grekland (5,7 %).
34 worldvaluessurvey.org
35 Ari Shavit, *My Promised Land: The Triumph and Tragedy of Israel* (New York: Spiegel & Grau, 2013), kap 11.
36 Andreas Zick, Beate Küpper & Andreas Hövermann, *Intolerance, Prejudice and Discrimination: A European Report* (Berlin: Friedrich Ebert Stiftung, 2011).

37 *The Great Divide: How Westerners and Muslims View Each Other* (Pew Research Center, 2006).

38 Marie Demker, *Sverige åt svenskarna. Motstånd och mobilisering mot invandring och invandrare i Sverige* (Stockholm: Bokförlaget Atlas, 2014), 98–101.

39 Fereshteh Ahmadi & Irving Palm, *Mångfaldsbarometern 2018* (Högskolan i Gävle, 2018).

40 Richard Wike, Bruce Stokes & Katie Simmons, *Europeans Fear Wave of Refugees Will Mean More Terrorism, Fewer Jobs* (Washington: Pew Research Center, 2016).

41 Texten finns på många håll, t.ex. gutenberg.spiegel.de/buch/erzahlungen-i-9763/3

42 canadahistory.com/sections/documents/Primeministers/trudeau/docs-onmulticulturalism.htm

43 laws-lois.justice.gc.ca/eng/acts/c-18.7/page-1.html#h-3

44 Skr. 2007/08:39, 12–13.

45 Ingemund Hägg, «Alla människors lika värde eller människans värdighet», *Tidskrift för politisk filosofi* 18(2014):3, 11–28.

46 Se till exempel Michael Freeman, «Are there Collective Human Rights?», *Political Studies* 18(1995), 25–40.

47 Will Kymlicka, «The New Debate over Minority Rights», i Ronald Beiner & Wayne Norman, red, *Canadian Political Philosophy* (Don Mills, Ont.: Oxford University Press, 2001), 161–162. Kymlickas huvudarbete inom området är *Politics in the Vernacular* (Oxford: Oxford University Press, 2001).

48 Se till exempel vittnesmålen i «'The Way People Look at Us Has Changed': Muslim Women on Life in Europe», *New York Times* 160902. Även Saima S. Hussain, red, *The Muslimah Who Fell to Earth: Personal Stories by Canadian Muslim Women* (Toronto: Mawenzi House Publishers, 2016).

49 Deborah Feldman, *Unorthodox: The Scandalous Rejection of My Hasidic Roots* (New York: Simon & Schuster, 2012); Arkan Assad, *Stjärnlösa nätter. En berättelse om kärlek, svek och rätten att välja sitt liv* (Stockholm: Norstedt, 2011).

50 Michel Houellebecq, *Soumission* (Paris: Flammarion, 2015).

51 «Diversity and Development», *The Economist* 070415.

52 John Stuart Mill, *Om det representativa styrelsesättet* (Norrköping: Föreningens Boktryckeri, 1862), 303.

53 Arthur M. Schlesinger, *The Disuniting of America* (New York / London: W. W. Norton, 1992), Brian Barry, *Culture and Equality: An Egalitarian Critique of Multiculturalism* (Cambridge: Polity, 2001), Amartya Sen, *Identity and Violence* (New York: W. W. Norton & Co., 2006), Jonathan Sacks, *The Home We Build Together* (London: Continuum, 2007), Yael Tamir, *Why Nationalism* (Princeton/Oxford: Princeton University Press, 2019).

54 Se till exempel Nationalencyklopedin, i vilken Lennart Lundquist förklarar hur innebörden i liberal demokrati brukar preciseras.

55 Andreas Johansson Heinö, *Hur mycket mångfald tål demokratin? Demokratiska dilemman i ett mångkulturellt Sverige* (Malmö: Gleerups, 2009), 145.

56 Kymlicka, «The New Debate», 161–162.

57 Ronald Inglehart, «Trust, Well-being and Democracy», i Mark E. Warren, red, *Democracy and Trust* (Cambridge: Cambridge University Press, 1999).

58 Se till exempel Christopher de Behaigne, «The New Europeans», *New York Review of Books* 180607, i vilken tre nyutkomna arbeten refereras.

59 Detta är en sociologisk klassiker. Se till exempel Edwin H. Sutherland & Donald R. Cressey, *Principles of Criminology*, 5. uppl (Chicago: Lippincott, 1955), 143–149.
60 BRÅ rapport 2005:17.
61 Att problemet tenderar att lösa sig självt, i varje fall i Sverige, bekräftas i en studie baserad på World Values Survey ledd av Bi Puranen vid Institutet för framtidsstudier. Studien refereras utförligt i «Så förändras värderingar hos invandrare i Sverige», *Dagens Nyheter* 190413.

6. Internationalismens kris, och demokratins

1 Cobden är citerad efter Edmund Silberner, *The Problem of War in Nineteenth Century Thought* (Princeton: Princeton University Press, 1946), 61. För en översikt över det internationalistiska projektets historia och innebörd se min *The Logic of Internationalism* (London: Routledge 1994), särskilt kap 2.
2 Steven Levitsky & Daniel Ziblatt *How Democracies Die* (New York: Crown Publishing, 2018).
3 Enligt mediearkivet.se ökade förekomsten av ordet populism med böjningsformer i svensk storstadspress från omkring två gånger per dag 2002–2015 till nästan fem gånger per dag 2016.
4 Cas Mudde, *Populist Radical Right Parties in Europe* (Cambridge University Press, 2007), 22–23. År 2018 publicerade *The Guardian* en ambitiös artikelserie om populismen i Europa baserad på Muddes definition. Tidningen skilde mellan högerpopulism (nativistisk och auktoritär) och vänsterpopulism (antikapitalistisk och redistributiv) samt visade att den förra åtminstone sedan 1998 varit mer framgångsrik och vuxit snabbare än den senare (theguardian.com/world/ng-interactive/2018/nov/20/revealed-one-in-four-europeans-vote-populist).
5 Ronald Inglehart & Pippa Norris, «Trump, Brexit, and the Rise of Populism: Economic Have-Nots and Cultural Backlash» (Kennedy School, Harvard University, 2016).
6 Jan-Werner Müller, *What Is Populism?* (University of Pennsylvania Press, 2016).
7 Mogens N. Pedersen i *Statsvetenskapligt lexikon* (Stockholm: Universitetsforlaget, 1997), 87–88.
8 De brukar däremot inta en ytterlighetsposition på den så kallade GAL-TAN-skalan. GAL står för grön, alternativ och libertariansk, TAN för traditionell, auktoritär och nationalistisk. Skalan började användas i forskningen 1999 och blev så småningom gängse i debatten. När svenskars attityder 2016 placerades in i detta schema visade sig V- och M-sympatisörer vara poler på höger-vänsterskalan men SD- och MP-sympatisörer på GAL-TAN-skalan (fof.se/tidning/2016/9/artikel/en-ny-bild-av-svensk-politik).
9 Brexit: getbritainout.org; Boris Johnson,» There is only one way to get the change we want – vote to leave the EU» och» Future Britons will find it hard to believe that anyone voted to stay in the EU», *The Telegraph* 160316 resp. 160522.
Trump: Acceptance Speech (presidency.ucsb.edu/ws/index.php?pid=117935), Remarks at Youngstown State University 160815 (presidency.ucsb.edu/ws/index.php?pid=119503), Remarks on Immigration 160831 (presidency.ucsb.edu/ws/index.php?pid=119805).
Front National: *144 engagements présidentiels Marine 2017* (frontnational.com/pdf/144-engagements.pdf).
AfD: *Das Grundsatzprogramm der Alternative für Deutschland* (afd.de/wp-content/uploads/sites/111/2018/01/Programm_AfD_Druck_Online_190118.pdf).

Sannfinländarna: perussuomalaiset.fi/wp-content/uploads/2014/04/ps_sakerhet_2015.pdf, perussuomalaiset.fi/wp-content/uploads/2014/04/ps_invandringspolitiska_2015.pdf
Dansk Folkeparti: danskfolkeparti.dk/politik/
Fremskrittspartiet: *Prinsipp- og handlingsprogram 2017–2021* (fb.st/e4srtm).
Sverigedemokraterna: /sd.se/var-politik/

10 Om EU-negativism som partipolitisk fråga i fjorton europeiska länder se Göran von Sydow, *Politicizing Europe: Patterns of Party-based Opposition to European Integration* (Stockholm University, Dept. of Political Science, 2013).

11 «The Messier Brexit Gets, the Better Europe Looks», *New York Times* 190130.

12 TT 190106, sd.se/wp-content/uploads/2019/02/Arbetsdokument-EP-plattform_.pdf

13 Ronald F. Inglehart & Pippa Norris, «Trump, Brexit and the Rise of Populism: Economic Have-Nots and Cultural Backlash» (Harvard University, Kennedy School: Faculty Research Working Paper, 2016).

14 Huvudkällor för det följande:
USA: edition.cnn.com/election/2016/results/exit-polls, nytimes.com/interactive/2016/11/08/us/politics/election-exit-polls.html
Storbritannien: lordashcroftpolls.com/
Frankrike: franceculture.fr/politique/age-diplome-revenus-qui-vote-macron-qui-vote-le-pen, pewresearch.org/fact-tank/2017/04/21/5-charts-showing-where-frances-national-front-draws-its-support/
Tyskland: zeit.de/politik/deutschland/2017-09/wahlverhalten-bundestagswahl-wahlbeteiligung-waehlerwanderung, wahl.tagesschau.de/wahlen/2017-09-24-BT-DE/umfrage-afd.shtml
Sverige: «Partisympatiundersökningen november 2018» (Stockholm: SCB, 1918).

15 Diana C. Mutz, «Status threat, not economic hardship, explains the 2016 presidential vote», PNAS 2018 (pnas.org/content/early/2018/04/18/1718155115).

16 Sasha O. Becker, «Who voted for Brexit? A comprehensive district-level analysis», *Economic Policy*, 52(2017):92, 601–650.

17 Se också Kirsti M, Jylhä, Jens Rydgren & Pontus Strimling, *Sverigedemokraternas väljare. Vilka är de, var kommer de ifrån och vart är de på väg?* (Stockholm: Institutet för framtidsstudier, 2018).

18 David Runciman, «How the education gap is tearing politics apart», *The Guardian* 161005.

19 David Goodhart, *The Road to Somewhere: The Populist Revolt and the Future of Politics* (London: Hurst, 2017).

20 Kort om centrum/periferi i *Statsvetenskapligt lexikon* (Stockholm: Universitetsforlaget, 1997), artikel av Torodd Strand.

21 Yael Tamir, *Why Nationalism* (Princeton/Oxford: Princeton University Press, 2019).

22 Herbert Tingsten, *Demokratiens seger och kris. Den författningspolitiska utvecklingen 1880–1930* (Stockholm: Bonniers, 1933), 59.

7. Utlänningarna, klimatet och suveräniteten

1 Internationell regim, ett standardbegrepp i studiet av internationell politik, har definierats på skilda sätt men min formulering är representativ. Se t.ex. Robert O. Keohane, *After Hegemony: Cooperation and Discord in the World Political Economy* (Princeton: Princeton University Press, 1984), 57–61.
2 Om gränskontrollernas historia se John C. Torpey, *The Invention of the Passport: Surveillance, Citizenship and the State* (Cambridge: Cambridge University Press, 2000).
3 Jag har haft glädje av den av EU och Europarådet utarbetade *Handbok om europeisk rätt rörande asyl, gränser och invandring* (Luxemburg: Europeiska Unionens publikationsbyrå, 2015) och av Marianne Seidlitz översikt i *Asylrätt. En praktisk introduktion* (Stockholm: Norstedts Juridik, 2014).
4 humanrights.se/wp-content/uploads/2012/01/Konvention-angaende-flyktingars-rattsliga-stallning.pdf, humanrights.se/wp-content/uploads/2012/01/Protokoll-angaende-flyktingars-rattsliga-stallning.pdf
5 Direktiv 2011/95/EU.
6 *OAU Convention Governing the Specific Aspects of Refugee Problems in Africa* (1969), *Cartagena Declaration on Refugees* (1984).
7 Om vad som gäller i Sverige se Lag (1994:137) om mottagande av asylsökande m.fl. samt Migrationsverkets föreskrifter och allmänna råd om mottagande av asylsökande m.fl. (MIGRFS 2018:3).
8 *Global Trends: Forced Displacement in 2017* (UNHCR, 2018).
9 «Working with a host government», *UNHCR Emergency Handbook* (emergency/unhcr.org).
10 unrwa.org
11 sverigeforunhcr.se/blogg/flykting-eller-migrant-enligt-unhcr
12 migrationsinfo.se/migration/sverige/papperslosa/
13 EU Direktiv 2001/55/EC, artikel 2:d.
14 en.wikipedia.org/wiki/Mass_migration
15 ec.europa.eu/eurostat/documents/2995521/7203832/3-04032016-AP-EN.pdf/
16 ec.europa.eu/eurostat/documents/2995521/7921609/3-16032017-BP-EN.pdf/
17 För en genomgång av forskningen om migrationens konsekvenser se Joakim Ruist, *Global migration. Orsaker och konsekvenser* (Stockholm: SNS Förlag, 2019).
18 «Att återvända till Schengen – en färdplan», Meddelande från Kommissionen till Europaparlamentet, Europeiska Rådet och Rådet, 2016, 2.
19 operationsophia.eu/about-us/
20 consilium.europa.eu/en/press/press-releases/2016/03/18/eu-turkey-statement/
21 eeas.europa.eu/headquarters/headquarters-homepage_en/19163/EU-Libya%20relations
22 Prop. 2015/16:67.
23 ucc.ie/archive/hdsp/Shengen-agreement_io.pdf
24 migrationsinfo.se/transportoransvaret/#fnref-4853-1
25 cbp.gov/newsroom/national-media-release/claims-credible-fear-increase-fiscal-year-2018
26 *New York Times* 190305, 190410.
27 *New York Times* 190124, 190125.
28 *New York Times* 190609.

29 *New York Times* 190715, 190728, 190920, 190925.
30 SFS 2005:716, 2016:752.
31 I den politiska uppgörelse som i början av 2019 ingicks mellan Socialdemokraterna, Miljöpartiet, Centerpartiet och Liberalerna ("Januariavtalet") förlängdes lagen om tillfälliga begränsningar med två år men rätten till familjeåterförening utvidgades till att även gälla «alternativt skyddsbehövande» (migrationsinfo.se/sa-paverkas-migrationen-och-integrationen-av-regeringsbildningen/).
32 Se t.ex. Jouni Paavola, «Climate Change: The Ultimate Tragedy of the Commons?», i Daniel H. Cole & Elinor Ostrom, red, *Property in Land and Other Resources* (Cambridge MA: Lincoln Institute, 2012) 417–433.
33 wmo.int/pages/themes/climate/international_background.php
34 un-documents.net/our-common-future.pdf
35 unfccc.int/resource/docs/convkp/conveng.pdf
36 unfccc.int/resource/docs/convkp/kpeng.pdf
37 Avtalstexten är en bilaga till FN-dokumentet FCCC/CP/2015/L.9, daterat 12 december 2015. En redogörelse för avtalet finns i Prop. 2016/17:16, där avtalet i svensk översättning ingår som bilaga. Det finns många sammanfattningar av det ganska snåriga avtalet. Jag har haft glädje av Charlotte Streck, Paul Keenlyside & Moritz von Unger, «The Paris Agreement: A New Beginning, *Journal for European Environmental & Planning Law* 13(1216), 3–29; Ralph Bodle, Lena Donat & Matthias Duwe, *The Paris Agreement: Analysis, Assessment and Outlook* (Dessau-Roßlau: Umweltbundesamt 2016); samt Raymond Clémençon, «The Two Sides of the Paris Climate Agreement: Dismal Failure or Historic Breakthrough?», *Journal of Environment and Development*, 25(2016):1, 3–24.
38 Streck, Keenlyside & von Unger, 11.
39 Clemençon, 12.
40 För en sammanställning av viktigare aktörers hållning till klimatregimen se «Så tycker de stora aktörerna» (klimatforhandling.se/guide/sa-tycker-de-stora-aktorerna/).
41 Till exempel Torbjörn Tännsjö, «Så kan klimatkrisen leda fram till en global despoti», *Dagens Nyheter* 181128.

8. Dystopier och säkerhetspolitik

1 För en genomgång av innebörden i och metoder för scenarioplanering se Mats Lindgren & Hans Bandhold, *Scenario Planning: The Link between Future and Strategy* (Basingstoke: Palgrave Macmillan, 2002) .
2 Nils Andrén & Brita Schwarz, *Framtidsvisioner i långsiktig planering* (Stockholm: Folk och försvar, 1974), 26, 41.
3 Kjell Goldmann, Thomas G. Hart & Gunnar Sjöstedt, *Världspolitik på 1990-taler: teorier och tankelekar* (Stockholm: Utrikespolitiska institutet, 1976).
4 Andrén & Schwarz, 26, 37, 51.
5 Om framtidsforskningens idéhistoria se Tore Frängsmyr, *Framsteg eller förfall. Framtidsbilder och utopier i västerländsk idétradition* (Stockholm: Liber, 1980). Om globala scenarier som kulturyttringar se Ulf Hannerz, *Writing Future Worlds: An Anthropologist Explores Global Scenarios* (Cham: Springer International Publishing, 2016).

6 Ny framtidslitteratur utkommer hela tiden. Om den växande genren feministiska dystopier se Alexandra Alter, «How Feminist Dystopian Fiction is Channeling Womens' Anger and Anxiety», *New York Times* 181008.

7 Howard P. Segal, *Utopias: A Brief History from Ancient Writings to Virtual Communities* (Chichester: Wiley-Blackwell, 2012).

8 Lindgren och Bandhold, 116.

9 «Forskare: Vi vet för lite om det som hotar vår existens», *Dagens Nyheter* 170903.

10 För en översikt se Livia Albeck-Ripka, «Is Climate-Themed Fiction All Too Real? We Asked the Experts», *New York Times* 170926.

11 Citaten är från en svensk utgåva (Stockholm: Wahlström & Widstrand, 1963, 7–15).

12 «China bans 23m from buying travel tickets as part of 'social credit' system», *The Guardian* 190101.

13 Se min «Det kalla krigets slut: Gorbatjov som överraskning», *Kungl. Krigsvetenskapsakademiens Handlingar och Tidskrift* 2002:6, 109–118. En väsentlig undersökning av i vad mån Sovjetunionens upplösning förutsågs är Jan Hallenberg, *The Demise of the Soviet Union: Analysing the Collapse of a State* (Aldershot, Hants: Ashgate, 2001).

14 Donald Trumps val till USA:s president ledde till en mängd jämförelser med *Nineteen Eighty-Four*, till exempel «Welcome to Dystopia: George Orewll Experts on Donald Trump» (*The Guardian* 170125) samt Adam Gopnik, «Orwell's '1984' and Trump's America» (*The New Yorker* 170127). Orwells roman från 1949 toppade Amazons bestsellerlista 2017 (*New York Times* 170125).